KB217214

도서출판
십자가사랑의 길

1. 십자가사랑의 책

도서출판 십자가사랑의 책을 통하여 예수 그리스도의
십자가사랑이 전파되며, 진실된 복음이 전 세계 만방에 펼쳐지길
원합니다.

2. 십자가사랑의 재정

도서출판 십자가사랑의 재정은 선교와 구제와 교회를 세우고
복음을 전하는데 사용되어지길 원합니다.

3. 십자가사랑의 사역

도서출판 십자가사랑은 하나님의 마음으로 정직하며
불의를 행하지 않는 기독교 기업으로 성장하길 원합니다.

부탁합니다
제발!
자살하지 마세요

아직도, 여전히 희망은 남아 있습니다

하나님의 사람들 시리즈 4

부탁합니다 제발! 자살하지 마세요

아직도, 여전히 희망은 남아 있습니다

에스더 권 지음

십자가사랑

"내가 달려갈 길과 주 예수께 받은 사명 곧 하나님의 은혜의 복음을
증언하는 일을 마치려 함에는 나의 생명조차 조금도 귀한 것으로
여기지 아니하노라" (행 20:24)

이 책의 모든 수익금은
오직 하나님 나라의 확장을 위해서만
사용될 것임을 하나님 앞에 서원합니다.
이 서원의 증인은 하나님이십니다.
모든 영광 홀로 받으소서.
예수님의 이름으로 기도 드립니다.

아멘!

목 차
C·O·N·T·E·N·T·

프롤로그

그동안 나는 가족의 자살에 대해 철저히 숨긴 채 평생을 살아왔습니다. 한 이부자리에서 살을 부대끼며 사는 남편에게조차도 결혼한 지 10년이 지난 후에야 비로소 가족의 자살을 털어 놓았습니다.

이런 나에게, 몇 개월 전 주님께서 "자살에 대한 책을 써라" 말씀 하셨습니다.

아물지 않은 채 덮어 버린 상처를 주님의 손으로 치유하시기 위해 수술대에 올려 놓으시겠다 하셨습니다. 불현듯 가족의 자살이 떠올랐습니다. 가슴 속 깊이 숨겨 놓았던 상처가 어느새 가물가물 올라왔습니다.

"주님! 왜 이리도 저를 아프게 하십니까? 이제 겨우 참고 견디고 있는데 왜 다시 저를 아프게 하기 위해 자살에 대한 책을 내라 하십니까?"

악다구니를 쓰며 주님께 따져 물었습니다. 그러나 나는 주님의 말씀에 순종하지 않을 수 없다는 것을 알았습니다. 내 안의 성령님 께서 세미한 음성으로 위로하시며 이렇게 말씀하셨습니다.

"사랑하는 딸아, 내가 너를 진심으로 사랑하기 때문이란다. 자 살 책을 집필하는 과정 속에서 너의 상처는 눈 녹듯 녹아내릴 것이 며 더 이상 아프지 않게 될 것이란다. 딸아, 상처는 만지면 곪고 더 아프지만, 흔적은 아프지 않단다. 더 이상 아프지 않도록 그 아픈 상처를 드러내어 수술하자. 내가 흔적으로 만들리라. 이제 기억은 있으나 더 이상 아프지 않으리라. 또한 네가 내 안에서 치유 받았 던 것처럼 자살을 결단하는 자, 가족의 자살 뒤에 남겨진 자들을 이 책을 통해 위로해야 할 것이니라. 내가 그들을 진심으로 사랑하 는도다."

그동안 나에게 있어 가족의 자살은 그 어떤 누구와도 나누지 못 했던 고통이었습니다. 아픔이었습니다. 상처였습니다. 아프다고 고통스럽다고 호소할 수도 없을 만큼 홀로 견디며 가슴에 묻어야 할 눈물이었습니다. 마치 가시밭길을 걷고 있는 것처럼 온통 가시 들이 나를 찔러 댔습니다.

이 책을 집필하면서 가슴을 찢도록 통곡했습니다. 때로는 글을 쓰다가 그 자리에 풀썩 주저앉아 수없이 울기도 했습니다. 내가 감 당할 수 없을 만큼의 아픔과 고통이 분명 내 안에 깊이 감추어져 있었습니다.

이제 주님의 말씀처럼 가족의 자살로 인한 상처가 아름답게 치유될 것입니다. 온전한 새살이 돋아날 것입니다. 완전한 회복이 일어날 것입니다. 바로 이것이 이 책을 집필하면서 나에게 주시는 하나님 아버지의 값진 선물입니다.

이제, 가슴 깊숙한 곳에 숨겨놓았던 아픈 이야기를 여러분 앞에 다시 꺼내 놓겠습니다.

하나님만을 찬양합니다. 하나님만을 사랑합니다. 내 삶의 전부 되시는 하나님만을 신뢰합니다. 모든 영광 홀로 받아 주소서.

2015년 3월
행복한 선교사, 에스더 권

Chapter 1
가족의 자살 이야기

Chapter 1
가족의 자살 이야기

🐝 도둑년 잡아라! 도둑년 잡아라!

"도둑년 잡아라! 도둑년 잡아라!"

'도둑년'... 지금도 귓전에 생생히 맴돕니다. 이 비참한 말은 내 인생에 '자살'의 생각을 자연스럽게 초청한 결정적 계기가 되었습니다. 그때의 그 사건이 내 인생을 송두리째 흔들어 놓을 줄을 그 때는 미처 몰랐습니다.

1981년, 내 나이 10살 때에 아버지께서 갑작스레 돌아가셨습니다. 제법 큰 옻칠 농 공장을 운영하던 아버지가 돌아가시자 빚 독

촉과 함께 생계가 막막해졌습니다. 끼니를 연명하는 것조차도 어려워졌습니다.

우여곡절 끝에 상경한 서울은 호락호락 우리를 반겨주지 않았습니다. 친척의 도움으로 서울 노량진 산동네에 새로운 둥지를 틀게 되었습니다. 5평 남짓한 단칸방에서 어머니와 4남매는 몸을 부대끼며 살았습니다.

산꼭대기 끝집인 우리 집은 수돗물의 공급이 원활하지 못했습니다. 그래서 밤이면 밤마다 산 중턱까지 내려가 물을 길러야만 했습니다. 집 물통에 물을 채우는 일은 전적으로 셋째 오빠와 내 몫이었습니다.

나는 그때 혹독한 사춘기를 겪고 있었는데 무엇보다도 지질이도 궁색한 우리 집이 부끄러웠습니다. 단칸방에서 오빠 셋과 함께 살아야 하는 것도 싫었고 가장 큰 불만은 늘 같은 옷만 입는 것이었습니다. 또래 아이들은 예쁜 새 옷을 뽐내며 자랑하는데 어딘가에서 주워온 헌 옷을 입은 나는 늘 위축이 되었습니다. 그 당시 유행했던 옷은 쎄라복이었습니다. 예쁜 쎄라복을 입은 친구를 보면 아무 이유도 없이 그 주변을 서성댔습니다. 꿈에서라도 쎄라복을 입어보고 싶었습니다.

그러던 어느 날 물을 길러 다니던 집 빨랫줄에 곱디고운 진분홍색 쎄라복이 걸려 있었습니다. 그 옷에서 한 순간도 눈을 뗄 수가 없었습니다. 나도 모르게 그 옷을 만졌습니다. 물 길러 간 목적도 잊어버린 채 나도 모르게 그 옷을 집으로 가져 왔습니다. 아무 생각 없이 가져온 그 옷을 단칸방에 걸어 놓으니 온 집이 반짝 반짝 빛나는 것 같았습니다. 그날 밤, 그 옷만 바라보며 꼬박 밤을 지새웠습니다.

며칠 후 마치 예쁜 공주가 된 듯 자랑스럽게 쎄라복을 입고 물을 길러 다시 그 집에 내려갔습니다. 행여 옷에 물이라도 튈까봐 조심스레 물을 받고 있는데 어떤 아주머니의 음성이 또렷하게 내 귀에 꽂혔습니다.

"우리 딸 옷하고 똑같네. 이상하다. 정말 똑같네. 며칠 전 우리 딸 옷이 감쪽같이 없어졌는데, 너 그 옷 어디서 났니?"

우물쭈물하며 선뜻 대답을 못하고 있던 나를 향해 아주머니는 확신에 찬 음성으로 이렇게 다그쳤습니다.

"너 그 옷 우리 집에서 훔쳤지? 내가 빨랫줄에 걸어놨는데 네가 훔쳐 갔구나!"

순간 정신이 바짝 났습니다.

'아! 내가 이 옷을 훔쳤구나. 내가 옷을 훔쳐 입은 거였구나. 내가 도둑질을 한 거구나.'

이 생각이 들자마자 정신없이 뛰었습니다. 물통도 내팽개치고 무조건 뛰었습니다. 그 아주머니는 이렇게 소리치며 뒤쫓아 왔습니다.

"도둑년 잡아라! 도둑년 잡아라!"

결국 얼마 못가 그만 돌부리에 걸려 넘어졌습니다. 넘어져 무릎이 깨지고 피가 났지만 두려워 일어설 엄두가 나지 않았습니다. 온몸이 덜덜 떨렸습니다.

"야! 이 도둑년아! 어딜 도망가려고 하냐? 내가 못 잡을 것 같아?"

'도둑년'이라는 말은 순식간에 내 가슴에 비수가 되어 꽂혀 들어왔습니다.

그날 저녁 어머니는 옷값을 보상하며 아주머니에게 사과해야 했습니다. 새 옷이 얼마나 입고 싶었으면 그랬겠냐며 아주머니는 나를 힐끔 쳐다보셨습니다. 그것으로 그 아주머니와의 악연은 끝난 줄 알았습니다. 그러나 그날 이후 아주머니의 탁월한 입담 덕에 동네에서 나는 옷 훔친 아이라는 낙인이 찍히게 되었습니다. 동네 아이들은 나를 보며 수군거렸습니다. 도둑년이라는 소리를 듣고도 또다시 그 집에 물을 길러 가야하는 내 신세가 비참했습니다. 억울하고 서글퍼서 눈물이 솟구쳐 올라 왔습니다.

"너 때문에 창피해서 이 동네에서 도저히 못 살겠다."

두 살 터울인 셋째 오빠는 시도 때도 없이 나에게 핀잔을 주었습니다. 다정히 함께 물을 길렀던 동무에서 이제 공공의 적이 되어 버린 셋째 오빠를 원망할 수도 없었습니다.

그 사건은 나를 더욱 주눅 들고 움츠러들게 했습니다. 사람들이 나를 향해 이렇게 말하는 것 같았습니다.

"저 애가 남의 옷을 훔쳐 입은 아이래. 도둑년, 도둑년이래!"

물론 그렇게 말하지는 않았을 겁니다. 하지만 나는 그 당시 노이로제가 걸려 있었습니다. 도둑년이라는 말은 그 후 내 삶을 처참하게 무너뜨렸습니다. 새로운 친구를 만날라치면 그 사건이 들통날까봐 가슴을 졸여야 했습니다. 삼삼오오 모여 있는 사람들 틈을 지나칠 때마다 갑자기 도둑년이라고 소리칠 것 같아 심장이 멎는 것 같았습니다. 어린 나이에 감당하기 힘든 무거운 멍에를 짊어진 채 살아야 했습니다. 아무도 모르는 외딴 동네로 이사 가자고 어머니를 졸라댔지만 삼십 만원 보증금에 삼 만원 월세로 다섯 식구를 받아줄 인심 좋은 주인은 그 어디에도 없었습니다.

'죽고 싶다. 죽었으면 좋겠다. 정말로 죽으면 편하겠다.'

이 생각을 하자마자 '자살'이라는 단어가 내 안에 쑥 들어왔습니다. 그 사건 이후로 시도 때도 없이 자살 생각을 품게 되었습니다. 매 순간 자살에 대한 충동에서 벗어날 수가 없었습니다. 어느덧 '자살'은 친숙한 단어로 성큼 내 곁에 다가와 있었습니다. 이토록 자살의 생각이 내 마음 깊숙이 자리 잡게 된 것은, 바로 아버지와의 인연으로 거슬러 올라갑니다.

1971년 1월 어느 날, 새벽빛이 어렴풋이 남아 있을 즈음 나는 3남 1녀의 막내로 태어났습니다. 술에 만취한 아버지는 산달이 가까운 만삭인 어머니를 욕하며 발로 차고 때렸습니다. 어머니 뱃속에서 나는 아버지의 발길질을 당하며 아버지와의 인연이 시작되었습니다.

폭력과 술이 수식어였던 아버지에게도 비참한 과거가 있었습니다.

첩의 아들로 태어난 아버지는 일찌감치 가족에게 버림받았습니다. 생부에게도 온전한 사랑을 받지 못했고 배다른 형제들에게는 왕따를 당했습니다. 급기야 낳아 준 생모에게도 외면을 당한 채 버림을 받았습니다. 가족에게 사랑받지 못하고 버려졌다는 자괴감 속에서 분노가 서서히 자라났습니다. 결국 시시 때때로 분노를 분출하며 방황해야 했습니다. 아버지는 불우한 환경 탓에 제대로 된 교육은 받지 못했지만 선천적인 손재주를 가졌습니다. 어깨 너머로 배운 목공 기술로 동네에서 제법 알아주는 목수가 되었습니다.

아버지와는 달리 6남 3녀의 다섯째로 태어난 어머니는 사진사였던 할아버지 덕분에 6.25 전쟁 때에도 굶지 않을 정도로 유복한 환경에서 자라셨습니다. 온순하고 어진 성품으로 누구에게나 칭찬

받는 분이었습니다. 하지만 자궁암으로 어머니를 일찍 여의고 난 후 상황은 달라졌고 그때부터 집안일을 도맡아 하는 신세가 되었습니다.

이곳저곳을 방황하던 아버지는 어머니의 고향인 전북 진안군에 정착하게 되었고 그곳에서 어머니를 만나 결혼했습니다. 결혼 후 얼마간은 달콤한 신혼시절을 보냈습니다. 하지만 얼마가지 않아 결혼에 대한 환상은 산산이 깨졌습니다. 그때부터 어머니의 불행이 시작된 것입니다. 아버지는 시도 때도 없이 어머니를 상습적으로 폭행했습니다. 칼을 품고 다니며 어머니를 위협했습니다. 아버지의 무자비한 폭행을 피해 이웃집에 숨어 있을라치면 여지없이 찾아가 보복했습니다. 행여 다른 사람에게 피해를 줄까 가슴을 졸였던 어머니는 결국 그 모진 매를 다 맞고 견뎌내야 했습니다. 시간이 흘러 3남 1녀의 자녀를 두었지만 아버지의 폭행을 잠재우지는 못했습니다.

한번은 연탄불을 설치해 놓고 온 식구들을 방에 가둔 채 문을 잠갔습니다.

"다 죽여 버릴 거야! 니들 다 죽여 버리고 나도 따라 죽어 버릴 거야!"

목에 핏발을 세운 아버지는 이렇게 고래고래 소리를 질렀습니다. 한푼 두푼 모아 어렵게 장만한 새 전축이며 가구들을 부수기 시작했습니다. 거울이며 창문이며 모조리 깨고 부셨습니다. 깨진 유리 파편으로 아버지의 주먹은 피가 낭자했습니다. 이 광경을 고스란히 지켜보던 8살배기 나는 공포로 인해 금방이라도 숨이 넘어갈 것만 같았습니다. 엄마 무릎에 깊이 얼굴을 파묻고 연탄가스를 마시지 않기 위해 몸부림을 쳤습니다. 방안에 자욱해진 연탄가스로 여기저기서 콜록콜록 기침을 하기 시작할 때야 비로소 방문을 열어 주었습니다.

아버지는 너무나 이중적인 삶을 살았습니다. 이중적인 삶 뒤에는 언제나 술이 도사리고 있었습니다. 술을 마시지 않은 날은 대체적으로 조용한 아버지였지만 술만 마시면 살기가 느껴졌습니다. 술에 만취된 날이면 여지없이 다른 사람들과 싸웠습니다. 시비를 거는 쪽도 아버지가 먼저였습니다. 싸우는 방법도 여느 보통사람의 모습과는 판이하게 달랐습니다. 시비가 붙기 시작하면 아버지는 병을 깨서 오독오독 씹었습니다. 깨진 병을 입에 물고 씹다보면 입에서 피가 줄줄 흘러 내렸습니다. 한참을 씹다가 입에 물고 있던 병 조각을 상대방에게 확 뱉었습니다. 병 조각을 뱉으면서 깨진 병으로 위협하다보면 열이면 열 모두 기겁하면서 도망을 쳤습니다. 아버지는 걸음아 날 살려라 도망치는 모습을 보며 희열을 느끼는 것 같았습니다. 이긴 자라며 스스로를 자랑스러워했습니다. 그런 아버지를 볼 때마다 소름이 끼쳤습니다. 그래서 술을 마시지 않는 날에도 아버지가 두려워 좀처럼 다가갈 수가 없었습니다. 아버지는 나에게 있어 '공포' 그 자체였습니다.

한번은 외할아버지가 돌아가셔서 외갓집에 장례를 치루기 위해 갔었습니다. 술에 만취한 아버지는 초상집에 오셔서 어머니를 죽이겠다고 고래고래 소리를 쳤습니다. 온갖 욕설로 그야말로 초상집을 황폐하게 만들었습니다. 그런 아버지가 부끄러웠습니다. 주위 사람들에게 우리 아버지가 아니라고 소리치고 싶었습니다. 친척들은 아버지를 어르고 달래 먼저 집으로 돌려보냈습니다. 초상을 치루고 뒤늦게 집에 간 어머니는 아버지가 던진 문갑에 이마를 정통으로 맞아 10바늘 이상을 꿰매야 했습니다.

아버지는 한번 술을 입에 대면 3~4일 계속 술만 마셨는데 그 사이 다른 사람과 시비가 붙어 싸움으로 번지는 것은 다반사였습니다. 그때 마다 꼭 칼부림으로 끝이 났습니다. 한번은 이웃 사람과 시비가 붙었는데 그 분을 칼로 위협했습니다. 주변 사람들이 소리를 지르며 한바탕 난리가 났습니다. 그 싸움을 말린다고 나선 어머니는 결국 아버지가 휘두르는 칼에 왼쪽 팔이 베어져 30바늘 이상을 꿰매야 했습니다. 아직도 그 때의 상처가 훈장처럼 선명히 남아 있습니다.

아버지는 체력이 고갈되고 술이 깰 때까지 싸우고 부수고 때리고를 반복했습니다. 그러다 술이 깨면 하루 이틀 오로지 잠만 주무셨습니다. 그때야 비로소 우리 집에 평화가 깃드는 유일한 시간이었습니다. 간만에 집에서 편히 잘 수 있는 시간이 허락된 것입니다.

아버지는 술을 마시지 않은 날에는 후회하며 자책했습니다. 어머니를 북어 패듯이 두들겨 패 놓고도 전혀 기억이 나지 않는다고 했습니다.

"당신 무슨 소리하는 거야? 내가 왜 착한 부인한테, 토끼 같은 내 새끼들한테 왜 그러겠어. 당신 지금 거짓말하는 것 아냐?"

아버지의 주먹질로 어머니의 얼굴은 한 군데도 성한 곳이 없었습니다. 시퍼렇게 멍든 눈두덩을 보면서 누가 그랬느냐며 천연덕스럽게 묻는 아버지였습니다.

술을 깬 뒤에는 술을 다시는 먹지 않겠다는 각서도 수십 차례를 썼습니다. 술이 아버지를 병들게 했습니다. 결국 아버지는 알코올 중독자가 되었고, 술 없이는 단 한순간도 버틸 수가 없게 되었습니다. 가족 모두는 깊은 상처로 병들어 갔습니다.

주변의 지인들은 "이혼해라 도망가라" 어머니에게 권했지만 도저히 그럴 수는 없었습니다. 친정 식구들과 자식들을 다 죽이겠다는 협박을 받고 있었던 터라 어머니는 아버지의 무자비한 폭력을 고스란히 견뎌내야만 했습니다.

어느덧 우리 가족도 맞고 사는 것에 익숙해졌습니다. 술에 만취된 아버지를 피해 이곳저곳을 전전하며 사는 것도 일상이 되었습니다. 때로는 개집에서, 때로는 버려진 폐자동차 속에서 잠을 자고 바로 학교에 등교하기도 했습니다. 어머니는 가슴의 멍뿐만 아니라 아버지의 칼부림으로 육신의 고통도 짊어진 채 살아야만 했습니다.

🍂 아버지의 죽음

1981년 어느 여름날, 며칠 동안 계속된 아버지의 횡포에 결국 온 가족이 뿔뿔이 흩어졌습니다. 어머니는 큰아버지 집으로, 4남매는 큰 오빠의 친구 집으로 피신을 갔습니다. 남의 집에서 등교를 한지 며칠이 되어 집 소식을 전혀 알 수가 없었습니다.

그런데 담임선생님이 학교 운동장에서 정신없이 놀고 있는 나를 급히 찾으셨습니다.

"너희 아버지가 돌아가셨다고 하는구나. 얼른 집에 가 보아라."

'아버지가 돌아가셨다고? 아버지가 돌아가셨다고?'

죽음의 의미를 실감하지 못했던 나는 이 말을 되뇌며 집으로 향했습니다.

큰 아버지 집에서 아버지의 죽음을 전해들은 어머니도 황급히 집으로 돌아왔습니다. 어머니는 나를 데리고 아버지의 시신이 안치되어 있는 병원 영안실로 갔습니다. 그때 나는 사람의 시신을 생전 처음 보았습니다. 흉측하게 일그러진 모습 속에 살아있을 때의 형상은 온데 간데 없었습니다. 무언가를 보고 놀란 듯 아버지의 얼굴은 공포로 처참하게 일그러져 있었습니다. 죽음 직전에 얼마나 두려웠는지 아버지는 눈도 감지 못한 채 돌아가셨습니다. 겨우 홑이불 한 장 덮어진 채 싸늘한 시신이 되어 누워 있었습니다.

"살아생전 나를 그렇게 괴롭히더니 이렇게도 처참하게 저승으로 가는군요. 남은 자식들 내가 잘 키울 테니 평안히 눈 감고 가소."

어머니는 숨진 아버지의 눈을 감겨 주었습니다. 어머니는 시신을 아무렇지 않은 듯 만졌습니다. 하지만 나는 너무나 두려운 나머지 멀찌감치 떨어져 있었습니다. 그 순간 아버지와 이렇게 작별한다면 내가 죄를 짓는 것이라는 생각이 스쳐 지나갔습니다. 그래서 홑이불 사이로 나와 있는 아버지의 발가락을 살짝 만졌습니다. 싸늘한 시체의 감촉이 손끝에 남아서 세포 하나하나를 관통하며 휩싸는 것 같았습니다. 순간 온 몸이 공포로 전율이 일어났습니다. 어린 10살, 죽음이라는 저주와 공포는 내게 살며시 그렇게 다가왔습니다.

아버지는 목을 매고 자살했습니다. 가구들을 모조리 다 부숴놓고도 분을 이기지 못하고 결국 집 옥상에서 목을 맸습니다. 아무도 없는 빈 집에서 자살로 생을 마감했습니다. 집에 세 들어 살던 이웃 할아버지가 시신을 처음 발견하여 군산도립병원 영안실에 옮겨놓았던 것입니다. 어릴 적 부모에게, 가족에게, 이웃에게 버림받고 비참하게 살아온 아버지는 49살, 많지 않은 나이에 자살로 삶에 종지부를 찍었습니다.

아버지를 장사지내던 그날을 도저히 잊을 수가 없습니다. 초상집이 아니라 오히려 잔칫집 분위기였습니다. 어떤 친척분이 내게 이렇게 말했습니다.

"너희 엄마 이제 팔자 폈다."

아버지의 죽음을 애도하는 사람은 단 한 사람도 없는 것 같았습니다.

나마저도 '이제 도망 다니지 않고 편히 집에서 잘 수 있겠구나' 하고 생각했습니다. 아버지를 저 세상으로 보내는 날, 나는 방을 이리저리 뒹굴며 좋아했습니다.

그렇지만 아버지와의 인연은 그것으로 끝이 아니었습니다. 아버지의 자살이후 나는 악몽에 시달리기 시작했습니다. 꿈만 꾸면 아버지가 마귀의 형상으로 나타나 무자비하게 나를 때리고 괴롭혔습니다. 살아 있을 때의 모습 그대로 또다시 꿈에서 재연되었습니다. 아버지를 피해 한참을 도망 다니는 꿈을 꾸다 땀에 흠뻑 젖은 채로 깨어나곤 했습니다. 아버지의 꿈을 꾼 날은 여지없이 가위에 눌리는 날이었습니다. 아버지의 그림자는 여전히 나의 삶 깊숙한 곳에 어둠의 그늘로 자리 잡고 있었습니다.

🐝 경제적 어려움

아버지는 살아생전 제법 큰 옻칠 농 공장을 운영했는데 아버지의 자살이후 쓰나미가 덮치듯 빚 독촉이 밀려들었습니다. 가구며, 전축이며, 심지어 그릇까지 빨갛게 붙은 경매딱지로 마음 편할 날이 없었습니다. 결국 어머니는 모든 것을 다 처분하고 정든 고향을 떠나 낯선 도시, 전주로 이사를 갔습니다.

"산 입에 거미줄 치랴! 사람은 태어날 때 각자 먹을 복은 타고 나는 것이다."

이것이 어머니의 생활신조였습니다. 하지만 세상은 그리 호락호락 하지 않았습니다. 고만고만한 4남매의 허기진 배에 무언가라도 넣어주기 위해 어머니는 동서남북을 헤매고 다녔지만 아무것도 얻을 수 없었습니다. 날이 갈수록 생계가 더 막막해졌습니다. 결국 어머니는 어깨 너머 배운 목공 기술로 부서진 상을 고치기 시작했습니다. 본격적으로 생계 전선에 뛰어 들었습니다.

어린 딸을 집에 홀로 두기가 불안했던지 어머니는 언제나 나를 데리고 다녔습니다. 나는 크게 소리쳤습니다.

"상 고쳐요. 부서진 상 고쳐요. 싸게 고쳐요."

어머니가 부서진 상을 이고 매고 저만치에서 뒤 따라 옵니다. 상의 무게가 감당이 안 되었던지 걸을 때마다 휘청거립니다. 어머니의 모습을 보니 왈칵 눈물이 쏟아졌습니다. 재빨리 눈물을 훔치며 목이 터질세라 외쳐 댑니다.

"아저씨! 아줌마! 부서진 상 고쳐요. 싸게 고쳐요."

부서진 상을 고치는 것만으로는 생계 문제를 해결하지 못했습니다. 그래서 어머니는 식당에 취직했습니다. 39살, 젊디젊은 과부의 인생이 측은했던지 식당 주인은 남은 음식을 가져가도 좋다고 허락했습니다. 자정 12시가 훌쩍 넘은 늦은 시간에 어머니는 파김치가 되어 집에 돌아 왔습니다. 어머니의 손에는 언제나 까만 비닐봉투가 들려져 있었는데 봉투 한 가득 남은 음식들을 챙겨 왔습니다. 주변의 눈치가 보여 황급히 챙겨 왔던지 봉투 안의 음식은 언제나 하나로 뭉쳐져 있었습니다. 가난하고 가진 것이 없으면 배가 더 고픈 모양입니다. 어찌나 배가 고픈지 먹어도, 먹어도 허기진 배를 달랠 수 없었습니다.

본격적으로 어머니가 생계 전선에 뛰어든 후로 나는 집안 살림을 도맡아 했습니다. 고사리 같은 손으로 밥을 짓고 설거지를 했습니다. 빨래도 제법 잘했습니다. 언제나 밥은 타고 설익었습니다. 행여 설익고 탄 밥을 내놓을라치면 오빠들의 타박이 이만저만이 아니었습니다.

전주에서의 삶도 녹녹치 않자 결국 큰 맘 먹고 서울행을 결심했습니다. 서울에 와서 처음 정착한 곳이 바로 노량진 산 28번지 산동네였습니다. 단칸방에서 5식구가 함께 살았는데 산꼭대기 마지막 집이었습니다. 집 바로 옆에 작은 오솔길이 있었는데 그 길을 따라가면 산과 연결 되었습니다. 유난히 그 산에는 아카시아 나무가 많았는데, 허기가 지면 산에 가서 아카시아 꽃을 배부를 때까지 실컷 먹었습니다. 나는 단칸방에서 오빠들과 부대끼며 혹독한 사춘기 시절을 보내야 했습니다.

🐝 둘째 오빠의 죽음

둘째 오빠는 순한 양처럼 어머니의 말씀에 순종하는 착하고 좋은 아들이었습니다. 공부 잘하는 듬직한 아들로 아버지가 없는 빈자리를 채워 주었습니다. 불우한 가정환경에도 불구하고 전교 1,2등을 독차지해 어머니를 기쁘게 했습니다. 그 누구와도 바꿀 수 없는 둘도 없는 성실한 아들이었습니다.

그간 어머니는 지인의 소개로 건설회사 공사 현장에서 밥해주는 일을 맡게 되었습니다. 비록 판자로 뚜덕뚜덕 만든 어설픈 공사장 한편에 마련된 식당이었지만 드디어 어엿한 사장님이 된 것입니다. 어머니는 일주일에 한두 번 집에 오셨고, 몇 년간 어머니가 없는 집에서 4남매만 살았습니다.

방학 때마다 둘째 오빠는 어머니를 위해 아르바이트를 했습니다. 어머니는 공사 현장에서 밥을 하고 오빠는 한편에서 못을 빼는 아르바이트를 했습니다. 어떤 때에는 과자 공장에서 일했습니다. 그 덕분에 과자를 입에 단내가 나도록 실컷 먹어 보기도 했습니다. 둘째 오빠는 힘겹게 아르바이트를 해서 모은 돈을 선뜻 내 놓는 효자였습니다. 오빠 덕분에 드디어 방 2칸짜리 지하실 전세방으로 옮기게 되었습니다. 집안에 화장실이 없어 비록 공동화장실을 사용했지만 방이 2개라 옷을 갈아입을 공간이 생겨 기뻤습니다. 특히 밤늦게까지 물을 길러 다니지 않아 더욱 행복했습니다.

그러던 1985년 6월 6일 현충일.

둘째 오빠는 학교 친구들과 바람 쐬러 관악산에 갔다 온다며 집을 나섰습니다. 설레고 행복한 모습으로 그렇게 집을 나섰습니다. 하지만 그날 밤이 지나도록 오빠는 돌아오지 않았습니다. 연락 없는 오빠를 하염없이 기다리던 어머니는 안절부절 못하며 초조해 했습니다.

오빠가 집을 나선지 이틀 정도가 지났을 즈음 어디선가 전화가 왔습니다.

"여보세요? 혹시 거기가 권기용 학생집입니까?"

"네, 맞는데요. 누구세요?"

"여기는 경찰서입니다. 어떻게 말해야 되나. 권기용 학생이……
죽었습니다."

"네? 뭐라고요? 다시 한 번 말씀해 주세요!"

어머니의 목소리가 심하게 떨리며 몸이 휘청거렸습니다.

"권기용 학생이…. 죽었습니다. 시신이 맞는지 영안실에 오셔서
확인해 주세요."

그 당시 오빠는 서울 ㅇㅇ고등학교에 2학년에 재학 중이었습니
다. 교복에 붙어 있는 이름표를 보고 학교에 연락하여 집 전화번호
를 알아냈다고 했습니다.

"아니야. 아니야! 내 자식이 절대 죽었을 리가 없어. 아니야. 다
른 사람일거야. 아니야. 아니야."

영안실에서 둘째 오빠의 시신을 확인한 어머니는 쇼크로 그 자
리에서 실신해 버렸습니다. 사망 원인은 자살이었습니다. 신고 있
던 운동화 끈을 풀어 나무에 메달아 목을 매고 자살했습니다. 오빠
의 자살은 충격 그 자체였습니다. 관악산에 함께 놀러 간 친구들과
다툰 것도 아니었습니다. 그렇다고 집에 문제가 있었던 것은 더더
욱 아니었습니다. 유서 한 장 남기지 않고 그렇게 허무하게 가 버
린 오빠를 생각하며 어머니는 날마다 가슴을 찢었습니다. 그 충격
으로 어머니는 한동안 넋을 잃고 살았습니다. 둘째 오빠는 18살,
꽃다운 나이에 자살로 이 세상과 작별했습니다.

🐝 꽃이 꺾인 큰 오빠의 인생

가족 가운데 아버지의 폭력에 가장 많이 노출되었던 분은 어머니였습니다. 하지만 사춘기를 겪고 있었던 큰 오빠 역시도 그 영향권에서 벗어 날 수 없었습니다. 큰 오빠가 많이 맞았던 이유는 폭행당하고 있는 어머니를 보호했기 때문이었습니다. 아버지는 어머니 대신 맞겠다고 나선 큰 오빠를 인정사정없이 발로 차며 죽을 만큼 때렸습니다. 아버지를 막을 수 있는 유일한 사람은 큰 오빠 밖에 없었기에 어머니를 대신해 매를 참 많이 맞았습니다.

아버지는 배움이 짧은 것을 한탄했습니다. 그래서 그런지 자식들이 배우지 못한 서러움을 대신 갚아 주기를 열망했고 가끔씩 이렇게 말씀하시곤 했습니다.

"내가 힘닿는 데까지 가르칠 테니 너희들이 많이 배워서 제발 내 한 좀 풀어줘라."

하지만 아버지의 열망을 큰 오빠는 채워줄 수 없었습니다.

가정불화로 학교에 대한 애착이 없었던 탓에 큰 오빠는 학교를 자주 빠졌습니다. 아침 등교시간에 나간 오빠는 하교 시간에 맞춰 집에 돌아왔지만 가끔씩 학교에서 연락이 오는 바람에 그런 날이면 언제나 매타작으로 하루를 마무리 하곤 했습니다. 어디에 있었냐는 추궁에 큰 오빠는 고구마 밭, 고추밭, 놀이터에 있었다는 말로 대신했습니다.

큰 오빠는 학교에 애착이 없었으나 나머지 오빠 둘은 아버지의 기대에 부응하여 언제나 전교 1,2등을 차지했습니다. 성적표를 받는 날에는 본의 아니게 다른 오빠들과 비교를 당하며 매타작을 당해야 했습니다.

견디다 못해 큰 오빠는 초등학교 6학년 때 과감히 가출을 감행했습니다. 편지 한통 남기지 않고 가출을 한지 한 달 만에 집에 돌아왔습니다. 그때 당시 군산에 살았는데 어떻게 여비를 만들었는지 부산에 가서 껌팔이를 했다고 했습니다. 오빠는 밖에서 노숙을 했는지 벌레와 모기물린 자국으로 도저히 누구인지 분간 할 수 없을 만큼 흉측한 모습으로 돌아왔습니다. 아버지는 기가 막혔던지 그날은 때리지 않고 조용히 받아 주었습니다.

사춘기를 폭력 속에서 보낸 큰 오빠는 일찍부터 술을 마시기 시작했고 반항적인 모습이 나타났습니다. 술을 마시는 아버지의 모습을 증오했으나 어느덧 아버지의 전철을 밟고 있었습니다. 순간 순간 큰 오빠의 모습 속에서 돌아가신 아버지를 보기 시작했고, 결국 가족들에게 또 다른 아픔으로 다가오게 되었습니다.

큰 오빠는 영화배우처럼 잘 생겼습니다. 오빠와 함께 거리에 나가면 사람들이 흘깃거리며 잘생겼다라고 말했습니다. 큰 오빠는 불우한 환경 탓에 대학을 가지 못했습니다. 그런 이유 때문인지 마음 한 편에 불만이 있었습니다. 제대로 된 직장을 구하기가 어려워 때로는 일일 노동자로, 때로는 원양어선 타는 일로 생계를 유지했습니다. 글 솜씨가 탁월해 2년 정도를 글 쓰는데 몰입하기도 했습니다. 작가 등단의 부푼 꿈을 품고 신춘문예와 동아일보사에 단편 소설을 써서 보냈지만 언제나 낙망의 소식만이 날라 왔습니다. 자신의 기대와 소원과는 달리 그리 호락호락하지 않은 삶속에서 큰 오빠는 어느덧 20대의 시간을 보내고 있었습니다.

이렇게 저렇게 세상 속에서 부대끼며 살다 보니 큰 오빠는 많이 지친 듯 했습니다. 가난하고 소외된 사람들, 배우지 못한 사람들, 아픈 사람들에게는 이 세상의 삶은 여전히 고단한 삶입니다. 큰 오빠 역시도 세상의 그 잣대 속에서 결코 자유하지 못했습니다. 큰 오빠는 늘 지쳐 있었으며 사랑에 목말라 했습니다. 언제 터질지 모르는 시한폭탄처럼 불안했습니다. 그런 환경 속에서도 큰 오빠와 둘째 오빠는 실과 바늘처럼 뗄레야 뗄 수 없는 좋은 단짝 친구였습니다. 서로의 버팀목이자 유일한 위로자였습니다.

큰 오빠는 가족의 생계를 위해 원양어선을 타겠노라며 먼 길을 떠났고 한동안 연락이 두절 되었습니다. 큰 오빠는 둘째 오빠가 자살한지 몇 달 만에 집에 돌아왔습니다. 둘째 오빠의 죽음에 대해 전혀 몰랐던 큰 오빠는 집에 오자마자 이렇게 물었습니다.

"근데 둘째는 어디 갔냐? 안 보이네?"

"……"

아무도 대답할 수가 없었습니다. 어머니는 오빠의 자살로 넋을 잃고 사셨고, 셋째 오빠와 나는 너무 어렸기에 그 슬픔을 감당하지 못한 채 눌려 있었습니다.

"왜 그래? 왜 말을 못해? 무슨 일이 있었구나? 둘째는 어디 갔냐니까!"

"……"

소리도 못낸 채 그저 눈물만 뚝뚝 흘리며 울고 있을 뿐이었습니다.

"큰 오빠... 둘째 오빠는 2달 전 죽었어.... 자살했어."

둘째 오빠의 자살에 대한 이야기를 듣자마자 큰 오빠는 문을 박차고 뛰쳐나갔습니다. 두려웠습니다. 큰 오빠도 자살할 것 같은 두려움에 휩싸였습니다. 이제 자살은 먼발치에 있는 것이 아니라 바로 코앞에 닥친 현실이 되어 버렸습니다. 가족 중에 누구라도 늦게 귀가하거나 연락이 두절될 때에는 이 생각이 먼저 들었습니다.

'혹시 죽은 것은 아닌가?'

자살은 남아 있는 가족의 세포 속에 각인되어 떨쳐 버릴 수도 없는 저주와 공포가 되었습니다.

먹구름처럼 자살의 저주가 온 집안에 머물러 있었기에 마음 놓고 크게 웃을 수도 없는 암울한 상태였습니다. 어머니는 여전히 공사 현장에서 밥을 해 주며 일주일에 한 두 번씩 집에 다니러 오셨습니다. 어머니는 산 자식들 입에 거미줄 칠 수 없다며 다시 힘을 냈습니다. 남겨진 자식들을 위해 어떻게든 살아가야만 했기 때문입니다.

한동안 큰 오빠는 마음을 못 잡고 이리저리 방황했습니다. 사랑하는 동생의 향취가 집안 곳곳에 묻어 있어서인지 오빠는 밖으로만 돌았습니다. 동생을 그리워하며 남몰래 눈물을 훔쳤습니다. 오빠는 가끔씩 혼잣말을 했습니다.

"내가 있었으면 둘째가 그렇게 허무하게 죽지 않았을 거야. 원양어선을 타지 말았어야 했어. 둘째 곁을 지켜줬어야 했어. 내가 잘못한 거야. 내가 정말 잘못한 거야...."

둘째오빠가 죽은 지 2년 남짓 지났을 무렵 큰 오빠에게 여자 친구가 생겼습니다. 오빠의 여자 친구 덕분에 오랜만에 우리 집에도 웃음꽃이 폈습니다. 함께 여행도 가고 맛있는 것도 먹으러 다녔습니다. 큰 오빠는 공무원 시험을 준비한다며 열심을 냈습니다. 예쁜 간호사 여자 친구가 생기면서 삶의 의욕이 생긴 것입니다. 양가 인사 후 결혼한다며 해 맑게 웃고 있는 오빠는 너무나 행복해 보였습니다. 그런 행복한 모습은 생전 처음 보았습니다.

그러던 1987년 어느 날.
큰 오빠의 친구가 갑자기 집에 찾아 왔습니다. 오랜만에 찾아온 그 친구는 바람 쐬러 나가자며 오빠를 데리고 나갔습니다. 그날 저녁 오빠는 집에 돌아오지 않았습니다. 불안했지만 여자 친구 만나러 나갔겠지 하며 기다렸습니다. 며칠 동안 연락이 두절되어 함께 나갔던 큰 오빠의 친구에게 전화를 걸었습니다.

오빠의 친구 말에 의하면 한강대교에서 자기는 앞서 걸어가고 있었고 큰 오빠는 뒤따라 왔는데 중간쯤 가다 뒤를 돌아보니 갑자기 사라졌다고 했습니다. 잠시 불길한 생각이 들었지만 '먼저 갔겠지'하며 자기는 집으로 돌아갔다고 했습니다. 그것이 전부였습니다. 그 이야기를 듣고 불길한 마음을 감출 수가 없었습니다. 숨 막힐 것 같은 불안감에 하염없이 전화기만 바라보며 기다릴 뿐이었습니다.

오빠가 집을 나선지 일주일이 지났을 즈음 마포 경찰서에서 연락이 왔습니다. 신분증을 보고 연락했다며 물에 빠져 죽은 시신을 확인하라는 것이었습니다. 시신의 부패 상태가 심각하므로 직접 시신을 확인해 달라는 것이었습니다. 설마하며 가족 모두는 시신이 안치되어 있는 영안실로 찾아갔습니다. 육안으로는 도저히 확인할 수 없는 상태라 신분증과 소지품으로 시신 확인 절차를 마쳤습니다. 어머니는 또 실신했습니다.

셋째 오빠와 나는 기가 막혀서 울 수조차 없었습니다. 넋을 잃고 쪼그려 앉아 있는데 도대체 왜! 왜! 이런 의문이 솟구쳐 올라와 분노를 잠재울 수가 없었습니다. 그때 내 나이 불과 17살이었습니다.

2년 전 벽제 화장터에서 눈물을 머금고 둘째 오빠를 보내야 했습니다. 그 생생한 고통의 상처가 아물기도 전에 같은 장소에서 큰 오빠를 또 다시 보내야 했습니다. 가슴이 너덜너덜해져서 더 이상 눈물도 나지 않았습니다. 냉랭해진 가슴 때문에 더욱 괴로웠습니다. 눈물이 메말라 슬픔을 느낄 수 없는 얼어붙은 심장이 되어 버렸습니다.

큰 오빠가 한 줌의 재가 되어 나온 그 날은 비가 하루 종일 부슬부슬 내렸습니다. 어디서 왔다가 어디로 가는지도 모른 채 한 줌의 재가 되어 흙으로 돌아간 오빠에게 작별을 고했습니다. 25살, 젊디젊은 나이에 큰 오빠는 자살로 홀쩍 우리 곁을 떠나갔습니다.

큰 오빠의 자리는 생각보다 더 컸습니다. 마당 한 편에서 죽은 오빠의 사진과 유품을 태우며 모든 기억 또한 지워야만 했습니다. 한바탕 폭풍우가 휩쓸고 지나간 것처럼 황량했습니다. 오빠의 사진을 보고 있자니 가슴 한 구석에서부터 올라오는 서글픔으로 저절로 통곡이 나왔습니다. 오빠들이 너무나 보고 싶었습니다.

"큰 오빠, 둘째 오빠…. 너무 그립다. 너무 보고 싶다."

오빠들과 함께 했던 소중한 추억들이 파노라마처럼 떠올랐습니다. 솜사탕 하나에 함께 입을 맞대고 먹었던 일, 닭볶음탕을 서로 먼저 먹겠다고 싸우다 국물이 옷에 다 튀었던 일, 그 때가 한없이 그리웠습니다.

보고 싶어도 이제 다시 볼 수 없는 오빠들을 향한 그리움으로 미쳐버릴 것만 같았습니다.

'도대체 무엇이 잘못된 것일까? 우리 가족은 도대체 왜! 왜! 다 자살하는 것일까?'

이 생각이 떠오를 때마다 괴로워서 견딜 수가 없었습니다. 그런데 갑자기 내 귀에 이런 음성이 들렸습니다.

"다음 죽을 사람은 너다! 다음 죽을 사람은 너다! 다음 죽을 사람은 너다!"

그 음성을 듣지 않으려고 고개를 내 저었습니다.

"죽으면 끝난다! 죽으면 편안하다! 죽으면, 죽으면, 아무것도 없다!"

누군가가 내 귀에 대고 직접 말하는 것만 같았습니다. 도저히 그 음성에서 벗어날 수가 없었습니다. 큰 오빠의 자살이후 그 음성은 이전보다 더 선명하고 또렷해졌습니다. 죽음의 음성이 들릴 때마다 나는 그 음성을 받아들이지 않기 위해 몸부림을 쳤습니다.

"아니야. 아니야. 나는 안 죽어. 절대 안 죽어. 내가 왜 죽어. 나는 살 거야!"

너무나 무섭고 두려웠습니다. 숨이 막힐 것만 같았습니다. 정말로 죽을 것만 같았습니다. 하지만 그 어떤 누구에게도 말할 수가 없었습니다. 생떼 같은 자식 둘을 잃어버려 가슴에 피 멍이 든 어머니에게 도저히 말할 용기가 없었습니다. 가족의 연이은 자살이 부끄러워 철저히 숨기며 살아왔기에 친구에게도 이러한 상황을 털어 놓을 수가 없었습니다.

🐝 함바집에서 꽃피운 가족애

오빠 둘을 자살로 잃은 후에 우리 집에도 많은 변화가 생겼습니다. 건설 현장을 따라다니며 밥해 주는 일을 하시던 어머니는 일주일에 한두 번씩 집에 다니러 왔습니다. 공사장 구석에 마련된 식당 옆에 조그만 방을 만들어 그곳에서 생활했습니다.

일년이면 3-4차례 건설현장을 옮겨 다녔는데 서울 한남동의 복개공사 때부터 온 가족이 공사현장에서 함께 살기 시작했습니다. 연이은 자살로 오빠들을 잃게 되자 남은 자식들과 함께 살아야겠다고 결심하신 모양이었습니다.

건설 현장에 마련되어 있는 조그만 식당을 함바라고 부릅니다. 나는 함바집 딸이었습니다. 함바에서 밥도 나르며 심부름도 하며 현장 노동자 아저씨들과 함께 어울려 살았습니다. 목욕할 공간도, 공부할 수 있는 책상도 없었지만 어머니와 함께 산다는 것만으로도 가슴 벅차게 기뻤습니다. 이제 더 이상 밥하고 빨래하지 않아서 좋았습니다. 무엇보다도 투정을 받아 주는 어머니가 늘 옆에 계시니 부러울 것이 하나도 없었습니다. 비록 가족의 반을 자살로 잃었지만 아직 3명의 가족이 남아 있어 든든했습니다.

한남동 복개공사 현장의 겨울은 유난히 더 추웠습니다. 공사장 한편에 나무로 뚜덕뚜덕 겨우 바람만 피할 수 있는 집을 만들었습니다. 보일러 시설이 없어 방에 들어앉아 있으면 온 몸이 덜덜 떨렸습니다. 아궁이에 솥을 걸어 밥을 지었는데 아궁이의 온기가 사라지면 순식간에 냉방이 되어 버렸습니다. 얼마나 추운지 전기장판을 깔고 솜이불을 덮고 있어도 입김이 뿌옇게 서렸습니다. 비록 누추했지만 바깥 추위를 막아줄 수 있는 유일한 집이었기에 천하보다 귀했습니다.

하지만 불행은 도미노처럼, 쓰나미처럼 밀려오는 가 봅니다. 어느 날 함바에 큰 화재가 났습니다. 지나가던 사람이 던진 담배꽁초에 함바집에 불이 붙어 버린 겁니다. 나무로 허술하게 지은 집이라 순식간에 불길이 번졌습니다. 마치 불이 붙을 것을 미리 알고 누군가가 휘발유를 뿌려 놓은 것처럼 거침없이 활활 타올랐습니다. 어머니와 나는 발만 동동 굴릴 뿐 아무것도 할 수가 없었습니다. 그저 불길을 바라보며 도와달라며 소리칠 뿐이었습니다. 우리 가족은 그 집에 함께 살기 위해 수많은 시간을 눈물로 밤을 지새웠습니다. 하지만 그 집이 허물어지는 것은 한순간 이었습니다. 불이 붙은 지 십여 분도 되지 않아 집은 풀썩 주저앉아 버렸습니다. 건질 만한 것은 아무것도 없었습니다. 옷이며, 가구며, 모든 집기들이 새까맣게 타 버렸습니다. 책가방과 책마저도 불타 버려서 다음날 어떻게 학교에 등교할지 걱정이 태산 같았습니다.

시련과 연단은 그 순간에는 고통스럽지만 삶속에서는 강한 내성을 주는가 봅니다. 어머니는 이렇게 말씀하셨습니다.

"생떼 같은 자식 둘을 잃어버렸을 때도 내가 이를 악물고 살았는데 이까짓 것쯤이야."

모든 것이 한순간에 불타 버리는 상황을 어머니는 '이정도 쯤이야'로 해석하고 있었습니다. 결국 어머니는 오뚝이처럼 다시 일어섰습니다. '여자는 약하지만 어머니는 강하다'는 말은 바로 우리 어머니를 두고 하는 말이구나 하고 생각했습니다.

"산 입에 거미줄 치는 법은 없으니, 아줌마, 기운 내세요. 우리가 다시 집 지어 줄게요."

불타 버린 폐허를 보며 낙담했지만, 현장 노동자 아저씨들이 함바와 집을 지어 주며 우리 가족의 희망도 다시 세워 주었습니다. 우리 가족의 처지가 불쌍하고 안쓰러웠던지 이전보다 더 아늑한 집을 지어 주었습니다. 자신의 일인 양 부지런히 집을 짓고 있는 아저씨들을 보며 나는 이렇게 생각했습니다.

'고통과 아픔을 나눌 수 있는 이웃이 바로 또 다른 가족이구나.'

그 이후 은평천사원에서도 보수공사가 있어 그곳에서도 몇 개월을 살았습니다. 은평천사원은 따뜻하고 사랑이 많은 곳입니다.

고아와 장애우들을 사랑으로 품어주며 이름 없이 빛도 없이 섬겼습니다. 은평천사원은 사랑과 섬김으로 엄마 없는 빈 공간을 채워주는 귀한 공동체였습니다. 날마다 학교를 파하면 나는 천사원 친구들과 어울려 지냈습니다. 밤이 어스름해져서 어머니가 부를 때까지 함께 놀았습니다.

그런데 천사원의 친구들은 공사 현장 후미진 곳에 허술한 나무 판잣집에 사는 나를 무척이나 부러워했습니다. 어머니와 함께 살았기 때문입니다. 아무리 맛있는 음식과 따뜻한 잠자리가 있을지라도 어머니라는 울타리는 그 무엇과도 바꿀 수 없는 보화였던 것입니다. 간혹 마음에도 없는 말로 어머니에게 깊은 상처를 주기도 했지만 내게 있어 어머니는 가장 소중한 존재였습니다.

🐝 인격적인 하나님을 만난 어머니

아버지가 살아계실 때 어머니는 지인의 전도로 교회를 몇 번 다녔습니다. 그러나 불행하게도 교회 나가는 것이 아버지에게 발각되어 심한 핍박을 받아야만 했습니다. 아버지는 교회에서 어머니의 머리채를 잡아끌고 나와 성경책을 갈기갈기 찢고 공장에서 쓰던 신나를 부어 불태웠습니다. 뿐만 아니라 목사님을 죽이겠다고 위협하며 협박까지 했습니다. 결국 교회에 나가는 것을 포기해야만 했습니다.

아버지가 돌아가신 후에 몇 번 더 교회를 나갔지만 은혜를 경험하지 못하고 잠만 자다 오셨습니다. 무엇보다도 어려운 성경을 도저히 이해할 수가 없었던 모양이었습니다. 교회를 가도 안 가도 그만이라는 생각이 깊게 자리 잡게 되었고 더 이상 교회를 다니지 않았습니다.

그러던 차에 어머니는 어떤 권사님의 강압적 권유로 부흥회에 참석하게 되었습니다. 부흥회 첫날, 울며불며 기도하는 사람들이 낯설게 느껴졌지만 마음 한편에 부러운 마음도 들었습니다. 다른 사람들만 유심히 관찰하고 온 어머니는 자기가 있어야 할 자리가 아니라고 판단했고 둘째 날에는 가지 않았습니다.

그런데 그날따라 평소 어머니의 전도에 열심을 내던 건설 현장 소장님이 이렇게 물었답니다.

"아줌마. 부흥회 간다더니 어제 갔다 왔어요?"

"아... 예, 갔다 왔지요."

별 생각 없이 대답했는데 그날 우연치 않게 웅덩이에 빠졌습니다.

'혹시 내가 소장님한테 거짓말해서 벌 받는 건가?'

이런 찜찜한 생각이 들어 어머니는 부흥회에 다시 참석했습니다.

그런데 그날 하나님께서는 어머니를 인격적으로 만나 주셨습니다. 성령의 강한 불이 임하면서 방언이 터져 나왔습니다. 강력한 회개의 영이 임해 성령께서 필름이 돌아가듯 그동안 잘못했던 일들을 낱낱이 보여 주셨습니다. 어머니는 가슴을 찢으며 통곡하며 회개하기 시작했습니다.

"사랑하는 내 딸아! 더 이상 슬퍼하지 말아라. 울지 말아라."

하나님께서는 이 음성으로 어머니를 위로하셨습니다. 어머니는 이 음성을 듣고 교회 바닥을 데굴데굴 구르며 가슴을 찢고 통곡했습니다. 하나님께서는 두 아들을 자살로 잃은 어머니의 갈기갈기 찢겨진 마음을 어루만져 주셨고 위로해 주셨습니다. 그 고통과 아픔을 고스란히 하나님께서 치유해 주셨습니다.

하나님의 강력한 위로의 음성과 맞닥뜨린 어머니는 그 순간부터 확연하게 달라졌습니다.

힘든 상황이 생길 때마다 어머니는 이렇게 말씀하시곤 했습니다.

"세상에 나 같은 박복한 사람은 아마 없을 거다. 남편 복 없는 사람은 자식복도 없다던데. 내가 생떼 같은 자식 둘을 잃고 남부끄러워 어떻게 사냐. 내가 죽지 못해 산다."

그러던 어머니의 입에서 감사가 흘러 나왔습니다.

"진짜로 하나님은 살아 계시더라. 왜 내가 진작 교회를 다니지 않았나 몰라. 세상에 나처럼 행복한 사람은 아마 없을 거다."

인격적인 하나님을 만난 후부터 함바에는 트로트 대신 찬송가가 울려 퍼졌습니다. 밤늦게까지 흐느적거리며 막걸리를 마시고 있는 아저씨를 볼 때마다 측은한 생각에 왈칵 눈물을 쏟곤 했습니다.

바쁜 와중에도 새벽기도를 거르는 법이 없었습니다. 낯선 사람이 되어버린 어머니를 보며 걸핏하면 예수쟁이라며 핀잔을 주는 현장 아저씨들의 말에도 너털웃음으로 받아 넘겼습니다. 환경은 하나도 변한 것이 없는데 하나님 덕분에 어머니가 새 사람이 된 것입니다.

"사랑하는 내 딸아! 더 이상 슬퍼하지 말아라. 울지 말아라."

하나님의 이 음성은 어머니의 영혼을 급속히 치유하며 회복시켰습니다. 그 순간부터 어머니는 '오직 예수! 오직 예수!'하며 전도하러 다녔습니다. 소외된 독거노인 분들에게 김치를 나눠 주기 시작했습니다. 오갈 곳 없는 노숙자들을 불러 식사를 제공했습니다. 세상에서 가장 불행한 사람이라며 자신의 삶을 비관했던 어머니는 세상에서 가장 행복한 사람이 되었습니다. 자신과 같은 비참하고 소외된 이들을 품으며 그들의 위로자가 되기로 작정했습니다.

함바를 할 때 어머니의 유일한 기도 제목은 주일 성수와 공예배의 출석이었습니다. 공사 현장은 비가 오지 않으면 주일에도 공사를 했기 때문에 공예배에 출석할 수가 없었습니다. 통상 일 년에

3-4차례씩 건설현장을 옮겨 다니다 보니 출석하는 교회도 수시로 바뀌어야 했습니다. 뿐만 아니라 공사현장이 변두리에 있을 경우 오빠와 나는 2시간 정도 버스를 타고 학교에 등교해야 했습니다. 그래서 어머니는 날마다 하나님께 이렇게 부르짖으며 기도했습니다.

"하나님! 주일 성수를 꼭 지킬 수 있도록 도와주세요. 그리고 내 자식들 이제 편안하게 학교 다닐 수 있도록 도와주세요."

어머니의 기도를 들으신 하나님께서 강권적으로 개입하셨습니다. 수중에 가진 돈은 없었지만 오로지 하나님의 은혜로 식당을 개업하도록 이끄신 것입니다. 장안동의 10평 남짓한 아담한 식당을 하나님께서 어머니에게 선물로 주셨습니다. 식당을 선물로 받은 어머니는 그곳을 천국으로 만들기 시작했습니다.

함바에서 눈치를 보며 전도했던 어머니는 본격적으로 전도하기 시작했습니다. 한참 분주한 점심시간이 마쳐질 즈음인 오후 3-4시에는 식당이 어느새 노숙자 무료 배급소로 탈바꿈 되었습니다. 인근 독거노인들에게 반찬을 무료로 나눠 주었습니다. 허리 한번 제대로 펴지 못한 채 온종일 허드렛일을 했지만 어머니의 얼굴은 천사처럼 빛났습니다. 그간의 피눈물 나는 고통의 시간들을 하나님께서 날마다 친히 어루만지셨고 회복시키셨습니다.

가정환경 탓에 초등교육 밖에 받지 못한 어머니는 한글을 제대로 읽지 못했습니다. 하지만 성경을 사모한 어머니는 날마다 한글을 배워가며 성경을 읽었습니다. 떠듬떠듬 성경을 읽던 어머니는 어느새 일 년에 2독 이상 성경을 읽게 되었습니다. 시간이 지나면서 어머니에게 영적인 세계가 열리게 되었고, 강한 신유와 예언의 은사도 나타났습니다.

식당을 개업한지 2년 남짓 지나니 식당인지 교회인지 도통 분간이 되지 않을 정도였습니다. 하나님께 치유함을 입은 어머니는 가난하고 소외된 이들의 안식처가 되어 주었습니다.

또 다른 시련, 불임

극심한 아버지 콤플렉스가 있던 나는 다정한 아빠를 둔 친구를 볼 때마다 남몰래 눈물을 훔쳐내야 했습니다. 육신은 성장했지만 꿈만 꾸면 여전히 10살의 모습인 나는 마귀의 형상으로 나타난 아버지에게 맞고 쫓기며 가위에 눌렸습니다.

죽을 만큼 고통스러웠기에, 아팠기에, 배고팠기에, 곪아 터져 너덜너덜해져 버린 상처를 그 누구에게도 보이고 싶지 않았습니다. 그것이 이 세상을 현명하게 살아가는 최선의 방법이라고 생각했습니다. 기어코 성공해서 모든 것을 다 보상받자고 생각했습니다. 그것이 이기는 것이라고 생각했습니다. 막막한 현실을 극복해보고자 이를 악물고 악바리같이 달렸습니다.

무엇보다도 가족, 주변 사람들에게 나의 연약한 모습을 절대로 보여 주기 싫었습니다. 그렇게 살아 왔기에 주변에 아는 사람들은 많았지만 자살 충동을 함께 나눌 친구는 단 한명도 없었습니다. 밖으로 그 마음을 뱉어 내는 것이 너무나 두려웠습니다. 가면을 쓰고 철저하게 위장한 채 이중적인 삶을 살았습니다. 내 안에 나는 처참히 죽어가고 있었지만, 겉으로는 웃었습니다. 비록 웃고 있었지만 나는 죽을 만큼 힘이 들었습니다. 마치 내가 도마 위에서 퍼덕거리고 있는 생선 같다고 느껴졌습니다.

가끔씩 내 안에서 무서운 생각과 공포가 일어났습니다.

"죽어라! 죽어라! 죽으면 편하다! 죽으면 아무것도 없다!"

도저히 뚫리지 않을 것 같은 막다른 환경에 치닫게 되면 자살의 생각이 저절로 떠올랐습니다. 큰 오빠의 자살 이후부터 들렸던 죽음의 음성은 나를 꽁꽁 옭아매었습니다. 그 음성의 근원도 모른 채 막연한 두려움이 나를 점점 잠식해 나갔습니다.

그렇게 시간이 흘렀습니다. 대학도 가고, 취업을 앞둔 이들의 선망의 대상이었던 코리안리(주)라는 직장도 취직 했습니다. 그사이 좋은 사람을 만나 결혼도 했습니다. 크고 작은 어려움도 있었지만 남편과 함께 많은 문제들을 헤쳐 나갔습니다.

하지만 결혼 9년차로 접어들었을 때 심한 우울 증세가 나타났습니다. 원인도 모른 채 임신이 되지 않자 우울증의 증세가 나타나기 시작한 것입니다. 불임의 정신적 고통은 겪어본 사람만이 이해할 수 있습니다. 도저히 빠져나올 수 없는 수렁에 빠진 것과 같은 무기력함을 동반합니다.

전국에 유명하다는 한의원 구석구석을 순회하면서 발품을 팔았습니다. 배꼽을 뚫어 자궁을 보는 복강경이라는 검사를 비롯해 온갖 검사를 다 했습니다. 9년의 불임기간 동안 나의 온 몸과 마음이 점점 더 피폐되어 갔습니다.

길거리에서 배부른 임산부를 보기만 해도 서러워 눈물이 왈칵 쏟아졌습니다. 저 멀리 걸어오는 임산부를 보면 멀더라도 다른 길로 빙 돌아서 갈 정도였습니다. 불임의 고통은 나를 우울증의 수렁으로 밀어 넣었습니다.

한 직장, 같은 부서에 단짝 친구가 있었습니다. 배가 좀 부른듯해 보여 "날씬한데 배가 좀 나왔네" 했더니 임신 6개월이 넘었다는 것입니다. 내가 상처받을까봐 일부러 그동안 임신 사실을 내게만 숨겼다고 했습니다.

'결혼 9년차가 지나도록 아이가 없으니 주변 사람들이 내 눈치를 더 보는구나.'

맛있는 음식을 먹어도 그 맛을 느끼지 못했습니다. 좋은 경치를 보아도 하나도 행복하지가 않았습니다. 앉으나 서나 오직 아이 생각밖에 나지 않았습니다. 비참한 생각만 들었습니다. 내 상태가 불안했던 남편은 아이 없이 살아도 된다며 위로했지만 큰 위안은 되지 못했습니다. 이런 상황 속에서 우울증은 더 깊어져만 갔습니다.

"불임은 없다. 그저 난임만 있을 뿐이다."

결국 마음을 굳게 먹고 지인에게 소개받은 병원에서 시험관 시술을 하기로 결정했습니다. 병원에서 착잡한 심정으로 순서를 기다리고 있는 동안 그 동안의 일들이 파노라마처럼 떠올랐습니다. 가슴이 아려왔습니다. 아이를 가질 수만 있다면 양잿물도 기꺼이 마실 수 있을 것 같았습니다.

의사 선생님은 과배란이 어떻고 난포가 어떻고, 열심히 설명했습니다. 의학상식이 전혀 없는 나는 뭐가 뭔지 도통 알 수가 없었습니다.

"선생님. 아이만 하나 낳게 된다면 뭐든지 다 할게요. 부탁합니다. 제발 도와주세요."

하지만 시험관 시술은 생각보다 쉽지 않았습니다. 매일 정확한 시간에 주사를 맞아야 했기 때문에 직장을 다니고 있던 나로서는 그것이 가장 힘이 들었습니다. 그래서 내가 직접 집에서 주사를 놓기로 작정했습니다. 안면이 있는 간호사에게 주사 놓는 부위와 방법을 배워 집에서 혼자 주사를 열심히 놓았습니다. 그런데 두 달 정도 주사를 매일 놓다 보니 주사 맞는 부위에 근육이 생겨 더 이상 주사 바늘이 들어가지를 않았습니다. 이리저리 주사 바늘이 들어가는 곳을 찾다 보니 결국 엉뚱한 부위에 주사를 놓게 되었습니다. 그로 인해 오른쪽 다리가 마비가 되는 상황까지 이르렀습니다. 다리가 마비되어 아무리 바늘을 찔러대도 감각이 없게 되었습니다.

시험관 시술에서 매일 주사를 맞아야 하는 이유는 임신 호르몬을 공급하기 위함입니다. 인위적으로 임신 호르몬을 투여하므로 뱃속에 있는 태아가 제대로 성장할 수 있는 환경을 유지시켜 줍니다. 그래서 시험관 시술시 최소 임신 4개월까지는 반드시 호르몬 주사를 맞아야 합니다. 행여 열 달 내내 주사를 맞을지라도 아이를 품안에 안을 수 있다면 행복하다는 것이 불임을 겪고 있는 엄마들의 공통적인 생각일 것입니다.

나는 그동안 시험관 시술을 3번 했습니다. 그 중 2번은 실패했습니다.

"이번 시험관 시술에서 안타깝게도 임신이 되지 않았습니다."

수화기 저 너머로 들려오는 상투적인 간호사의 음성은 나를 더 비참하게 했습니다. 하지만 도저히 포기할 수가 없었습니다. 아이에 대한 집착은 시간이 흐를수록 더욱 깊어져만 갔습니다. 아이에 대한 집착은 서서히 우울증으로 진전되고 있었습니다. 내 인생의 낭떠러지 끝에서 한 가닥의 지푸라기를 움켜잡고 있는 심정이었습니다. 아이에 대한 소망을 놓아버린다면 낭떠러지 저 밑으로 곤두박질 쳐질 것만 같은 막연한 두려움이 엄습했습니다.

마지막 시험관 시술에서 임신 여부를 확인하기 위해 피검사를 하고 기다렸습니다. 온 몸이 덜덜 떨려 도저히 서 있을 수 없을 정도였습니다.

"축하합니다. 임신이 되셨습니다."

순간 내 귀를 의심했습니다. 간호사에게 묻고, 또 묻고, 또 다시 물었습니다.

"정말로 임신이 되었습니다."

드디어 내가 9년 만에 임신을 했습니다. 이 한 마디를 듣고자 그동안 쏟았던 눈물이 얼마였던가.

"하나님 감사합니다! 하나님 정말로 감사합니다!"

그 순간 나도 모르게 갑자기 이 말이 튀어 나왔습니다.

임신 소식을 듣고 너무 행복해 임신 3개월부터 임부복을 입고 다녔습니다. 9년 동안의 불임의 스트레스가 임부복을 입자마자 한 순간에 사라지는 것 같았습니다.

"나도 이제 임신한 몸이라고요."

이렇게 당당히 외치며 자랑하고 싶었습니다.

🐝 남편의 유학

수많은 기업이 도산하고 역사상 유례없는 불황의 늪으로 빠지고 있던 1997년 IMF 금융 위기 시절, 남편은 대학에서 불문학 교수로 재직 중이었습니다. IMF의 살벌한 바람은 대학가도 예외가 아니어서 어문계열 통폐합이라는 슬로건을 내걸고 교수들을 퇴출시키는 분위기가 온통 휩쓸고 있었습니다.

"오직 내 인생은 불어뿐! 나는 불어와 결혼했다!"

이렇게 외치며 오직 외길만을 걸어왔던 남편이었습니다. 하지만 휘몰아치는 폭풍 속에서 견디기가 힘겨워 보였습니다.

남편의 월급명세서를 보는 것이 유일한 낙이었는데 몇 달째 남편은 명세서를 가져오지 않았습니다.

"당신 요즘 왜 월급 명세서를 안 가져와요?"

남편은 마치 어깨에 무거운 돌덩이를 얹어놓은 듯 힘겹게 말문을 열었습니다.

"나 몇 달 전 학교 그만 뒀다."

"네? 뭐라고요? 매일 학교에 강의하러 나갔었잖아요?"

남편은 강의 한다고 집을 나선 후 치과의사인 친구의 병원에 갔다고 했습니다.

IMF 당시 내가 다녔던 회사에서도 직원의 삼분의 일을 구조 조정해야 하는 아픔을 감당해야 했습니다. 어제까지도 함께 근무했던 선배가 짐을 싸고 떠나야 했던 광경을 생생하게 지켜보았습니다. 그 고통을 누구보다도 잘 알고 있었기에 남편을 안아줄 수밖에 없었습니다. 남편을 향한 유일한 위로는 아무 말도 하지 않고 그저 기다려 주는 것이라고 생각했습니다.

그렇게 몇 개월의 시간이 흘렀습니다. 어느 날 남편에게 물었습니다.

"당신 앞으로 뭘 하고 싶어요? 당신 하고 싶은 것 하세요. 내가 직장 다니고 있으니 다 밀어 줄게요. 걱정하지 말고 다 말해 봐요."

사실 속으로는 '내가 이렇게 말하면 분명 회사에 취직한다고 할 거야'라고 생각하고 있었습니다. 그런데 남편은 이 말에 뜬금없이 치과의사가 되겠다고 했습니다. 한국에서 수능시험을 준비하면 시간이 많이 소요되니 외국의 치과대학에서 유학을 하겠다고 했습니다. 다시 새롭게 시작해 보고 싶다고 했습니다. 늘 붙어 다녔던 단짝친구인 치과의사가 남편에게 치의학 쪽에 소질이 있다며 권했던 모양이었습니다. 당시 남편은 37살이었습니다.

갑자기 치과의사가 되겠다는 말에 순간 땅 밑으로 쑥 꺼지는 것만 같았습니다. 더군다나 한국도 아닌 외국에서 유학을 하겠다니 말입니다. 하도 기가 막혀서 더 이상 아무 말도 못한 채 "그럼 당신 알아서 해요"하고 말했습니다.

남의 속도 모르는 남편은 유학 준비를 착착 진행해 나갔습니다. 불어로 박사학위를 받았지만 불어권으로 유학을 가면 학비를 감당할 수 없으므로 남미 쪽으로 유학을 가겠다고 했습니다. 유학원의 원장 부모님이 콜롬비아에 거주하는 교포라서 일단 콜롬비아로 가기로 결정했습니다. 어학원에 등록한 후 스페인어를 열심히 공부했습니다.

유학을 결정한지 몇 달 후, 남편은 인천공항에서 콜롬비아행 비행기에 몸을 실었습니다. 남편을 배웅하고 돌아오는 길에 얼마나 울었는지 눈이 떠지질 않았습니다. 그렇게 훌쩍 떠나간 남편은 하루, 이틀, 삼일, 사일이 지나도 깜깜무소식이었습니다. 앉으나 서나 메일만 확인하고 전화기만 바라보았습니다. 일주일 정도 지났을 무렵 남편에게 연락이 왔습니다. 영상 통화를 통해 본 남편은 몇 달을 피죽도 못 먹은 사람처럼 그새 볼이 옴팍 파였습니다.

콜롬비아는 그 당시 내전으로 시끄러운 상태였습니다. 사방에서 총소리가 끊이질 않는, 그야말로 전시 상황이라 그동안 연락할 수 없었다고 했습니다. 콜롬비아에 도착한 이후로 바깥출입도 못한 채 집 안에만 갇혀 있었다고 했습니다. 총소리가 잠잠한 틈을 타 PC 방에 와서 연락을 취하는 것이라고 했습니다. 유학원 원장에게 사기를 당한 것 같다며 한국으로 돌아갈 수는 없고 다시 연락을 하겠노라며 긴급히 영상통화를 끊었습니다. 모든 것을 다 포기하고, 모든 것을 다 내려놓고 유학길을 올랐는데 날벼락을 맞은 것 같았습니다.

다시 연락이 올 때까지 기다리는 그 시간은 마치 숨이 멎는 듯 답답했습니다.

'혹시... 남편이 그곳에서 죽은 것은 아닐까?'

순간 이런 생각이 스치고 지나갔습니다. 오빠들이 하나 둘, 그렇게 죽어 갔습니다. 두려웠습니다. 다시금 죽음의 공포가 생생하게 살아나고 있었습니다.

얼마나 지났는지 한참 만에 연락이 왔습니다. 멕시코 몬테레이라는 도시에 무사히 안착을 했다고 했습니다. 남미 쪽에서 제법 유명한 국립 치과대학을 기적적으로 소개받아 오게 되었다며 연신 자랑을 늘어놓았습니다.

"말도 잘 안 통했을 텐데 어떻게 콜롬비아에서 그 먼 곳까지 가게 된 거예요?"

남편은 뜬금없이 이렇게 말했습니다.

"하나님은 살아계셔. 모든 것을 하나님이 하셨어. 오로지 하나님의 은혜야. 하나님이 하셨어."

남편의 이 말에 잊고 지냈던 하나님이 불현듯 떠올랐습니다. 그동안 내게 신앙은 단지 종교 활동, 취미생활일 뿐이었습니다. 유일하게 하나 남은 셋째 오빠가 주의 종이 되었고 어머니는 하나님만 붙들고 사셨기에 의무적으로, 형식적으로 그렇게 교회를 다녔던 것입니다. 하나님은 그동안 나와는 전혀 상관없는 분이셨습니다.

나와 비슷한 신앙 수준이라고 생각했던 남편에게서 "하나님이 도왔어. 하나님의 은혜야"라는 말을 듣게 되니 내가 더 당황했습니다.

하나님의 은혜를 체험한 남편은 그날부터 하나님만을 붙들었습니다. 마치 요셉이 감옥에서 하나님만을 의지했던 것처럼, 다윗이 아둘람 동굴에서 하나님만 바라봤던 것처럼 그렇게 남편은 하나님만을 신뢰했습니다.

남편은 학비와 생활비 걱정을 덜게 하려고 엉덩이에 땀띠가 날 정도로 억척스럽게 공부에만 매달렸습니다. 이런 와중에 하나님께서는 인격적으로 남편을 만나주셨습니다.

어슴푸레한 새벽에 공부와 씨름하던 남편을 하나님께서 어린 사무엘을 부르듯 세 번 부르셨습니다.

"종원아! 종원아! 종원아!"

그 음성을 듣고 황급히 문밖으로 나갔으나 아무도 없었다고 했습니다. 칠흑 같은 깜깜한 하늘을 바라보며 생생한 하나님의 살아 계심을 체험했다고 했습니다. 하나님의 강력한 음성과 맞닥뜨린 남편은 그 순간 즉시 거듭난 성도가 되었습니다. 이러한 체험 이후에 멕시코의 현지 의사들과 함께 오지로 선교를 다녔습니다. 유학 기간 동안에 자신의 사명을 깨달은 남편은 하나님 안에서 풍성한 은혜를 경험하고 있었습니다.

하나님께서는 남편의 삶 가운데 깊이 관여하셨고 친히 먹이고 입히셨습니다. 고난은 축복의 씨앗이라고 하더니 유학생활의 연단은 남편의 축복의 통로가 되었습니다. 우여곡절 끝에 유학길에 오른 지 7년 만에 하나님의 은혜로 남편은 치과의사 전문의 면허를 취득했습니다. 또한 7년 동안을 몸담고 공부했던 치과대학에서 정

교수로 임용되었습니다.

내전중인 콜롬비아의 한 복판에서 강권적으로 뽑아 내셔서 멕시코 몬테레이로 이끈 것은 전적인 하나님의 은혜였다고 남편은 지금도 고백합니다. 몇 년 후 남편은 하나님의 부르심에 순종하여 멕시코를 섬기는 의료선교사가 되었습니다.

🐝 사촌 여동생의 이야기

9년간의 불임으로 인해 우울증을 겪으면서 몸과 마음은 피폐되었지만 어렵게 얻은 딸아이를 품에 안으니 행복했습니다. 남편의 유학으로 몇 년째 떨어져 지내는 상황이었지만 나름 희망도 있었습니다. 하지만 내 나이 35살 즈음, 한동안 잊고 지냈던 죽음의 음성이 다시금 나를 공격해 왔습니다.

나보다 2살 아래인 사촌 여동생은 어릴 적 소꿉친구였습니다. 2남 2녀의 셋째 딸로, 속이 참 깊은 동생이었습니다. 불행하게도 사촌 여동생의 형제가운데 둘은 청각장애를 지닌 채 태어났습니다. 한 집에 말 못하고 듣지 못하는 형제가 둘이나 있다 보니 마음에 큰 상처를 안고 살았습니다. 가정 형편도 넉넉지 못해 공부할 수 있는 여건도 열리지 않았습니다. 그래서 그런지 사촌 여동생은 밖으로만 돌았고 20살이 채 되지 않았을 때 결혼을 했습니다. 결혼과 함께 행복이 시작될 줄 알았지만 오히려 결혼 후 더 불행해졌습니다. 남편은 도박과 외도, 심지어 폭력까지 휘둘러 사촌 여동생의 마음을 병들게 했습니다. 잦은 부부싸움으로 평안할 날이 없었습니다. 무능한 남편을 대신해 아들 둘을 양육하고 생계를 유지하려다 보니 급기야는 생활전선에 뛰어 들어야 했습니다. 그사이 가정이 흔들리게 되었고 말로 표현 못할 온갖 시련이 있었던 모양이었습니다.

결국 그러한 환경 속에서 방황하던 사촌 여동생은 부부싸움 끝에 집 뒤 나무에 목을 매고 자살했습니다. 어린 두 아들에게 유서한 장 남기지 않고 그렇게 허무하게 떠나 버렸습니다.

이모에게 있어 사촌 여동생은 일찍 세상을 등진 남편을 대신한 딸이었습니다. 의사소통이 되는 유일한 딸이었습니다. 딸을 자살로 먼저 보내야 했던 이모는 그 자리에서 실신했습니다. 딸을 자살이라는 벼랑 끝으로 몰아붙인 사위를 죽지 않을 만큼 두들겨 팬 후에야 비로소 이모는 제 정신으로 돌아왔습니다.

엄마의 죽음도 모른 채 사촌들과 신나게 놀고 있는 어린 두 조카를 보니 눈물이 왈칵 쏟아졌습니다. 술과 도박, 외도로 가정은 산산이 부서져 버렸습니다. 그 틈바구니 속에서 자란 조카들이 어떻게 성장해 나갈지 걱정이 태산 같았습니다. 사촌 여동생은 33살, 가장 아름다운 나이에 자살로 세상을 등지고 떠나갔습니다.

사촌 여동생의 장례를 마치고 집으로 돌아왔습니다. 그런데 장
례를 치룬 지 며칠 되지 않아 어머니가 이렇게 말씀하시는 것이었
습니다.

"기도하는데 죽은 미진이가 보이더라. 저승사자 같은 시커먼 악
한 것들에게 사정없이 어디론가 끌려가더라. 그런데 그 악한 것들
이 우리 집에 들어온다고 아우성을 쳐서 내가 대적기도 하느라고
밤을 꼬박 새웠다."

어머니의 이 말에 나는 두려움이 엄습했습니다. 아니나 다를까
잠시 잊고 지냈던 죽음의 음성이 다시금 나를 괴롭히기 시작했습
니다.

"죽어라! 죽으면 편하다! 죽어라! 죽으면 아무것도 없다!"

어디서 나는지 근원도 알 수 없는 그 음성이 다시금 나의 목을
졸라 왔습니다. 사촌 여동생의 자살이후 악몽이 또다시 되풀이 되
었습니다. 시커먼 마귀가 나를 죽이려고 달려들어 한참을 도망치
다 잠에서 깨곤 했습니다. 때로는 마귀가 내 목을 졸라 내가 죽어
갔습니다. 불면의 밤을 보내는 날이 셀 수도 없었습니다. 수면제를
의지하지 않고는 도저히 잠을 이룰 수가 없을 정도였습니다. 언제
부터인가 자살의 굴레는 내 삶의 중심에서 서서히 나를 잠식해 나
가고 있었습니다.

남편이 멕시코에서 유학하고 있을 때 시험관 시술로 딸아이를 얻었습니다. 그래서 남편 없이 홀로 딸아이를 출산했습니다. 막 태어난 딸아이를 안고 보니 처음으로 진정 행복하다는 생각이 들었습니다. 시도 때도 없이 자살충동에 사로잡혀 있는 내 목숨을 딸아이가 연장시키고 있다는 생각도 들었습니다. 하루에도 수십 번씩 들려오는 죽음의 음성에서 견뎌낼 수 있었던 것은 딸아이 덕분이라고 생각했습니다. 그 당시에는 정말로 그렇게 생각했습니다.

그렇게 어렵게 얻은 딸아이가 8살이 되었습니다. 남편 없이 홀로 키운 딸이었지만 예쁘고 착한 아이로 잘 자라 주었습니다. 남편은 가끔씩 한국에 들어와 아이와 놀아주곤 했습니다. 'Out of sight, out of mind'라고 하더니 정말로 눈에서 멀어지니 마음에서도 멀어지는 가 봅니다. 유치원에서 그린 가족사진을 보니 아빠가 없었습니다.

"하은아. 아빠는 가족사진 속에 없네. 아빠는 도대체 어디 갔을까?"

한참을 머리를 긁적거리던 딸아이는 수줍게 말했습니다.

"아참! 아빠를 깜빡했네!"

시나브로 딸아이는 서서히 아빠를 잊어가고 있었던 것입니다.

경제적인 이유로 남편과 떨어져 있었지만 아빠의 존재를 망각하고 있는 딸아이를 보니 결단을 내려야했습니다. 그래서 과감히 멕시코 이민을 결정했습니다. 스페인어 한마디 구사할 수 없는 상황에서 외딴 멕시코에서 다시 새롭게 시작해야 한다고 생각하니 사실 막막했습니다. 하지만 8년째 홀로 살고 있는 남편과, 아빠의 향취를 추억하지 못하고 있는 딸을 보니 멕시코 행을 결정하지 않을 수 없었습니다.

멕시코로 이민을 떠나기 전날 밤 참 많이 울었습니다. 홀로 남겨질 어머니와 셋째 오빠 생각에 눈물이 앞을 가려 밤을 지새웠습니다.

꼬박 하루를 걸려 멕시코에 도착했습니다. 멕시코의 공항은 한국의 90년대 고속터미널을 연상케 했습니다. 상상했던 것 보다 낙후된 시설, 생김새가 다른 생소한 사람들 속에서 냉기마저 느껴졌습니다. 마음을 열지 못한 채 멕시코 땅을 밟으니 낯설고 불만족한 것뿐이었습니다. 심각한 내 표정을 보니 남편은 걱정이 이만저만이 아닌 것 같습니다. '잘못 데려 온 것은 아닌가? 이거 큰일 났네' 라는 표정이 역력합니다. 내 눈치를 보며 이말 저말 건네는 남편을 보니 더 속상해서 눈물만 나왔습니다. 그렇게 낯선 땅 멕시코에서의 첫 날을 보냈습니다.

멕시코뿐만 아니라 세계 구석구석 한인들이 살지 않는 곳이 없습니다. 아프리카 사막이든, 브라질 정글이든 선교사가 있던지 한인 교포들이 있던지 의례 한국 사람들이 있기 마련입니다. 멕시코의 몬테레이도 마찬가지였습니다. 몬테레이에 달랑 우리가족만 있을 줄 알았는데 한인들이 거주하고 있다니 내심 안심이 되었습니다. 혈혈단신으로 멕시코에 들어와 길에 버려진 담배꽁초를 주어 피웠던 사람이 몇 년 만에 자신의 공장을 소유하게 될 정도로 멕시코는 시장성이 있었습니다. 한국 사람들만이 가지고 있는 민족 특유의 성실함 때문에 멕시코에서도 한인들은 성공하여 잘 살고 있었습니다.

해외에 살게 되면 신앙심과 애국심이 고취된다고 하더니 그럴 수밖에 없는 환경이었습니다. 국가 대항전 축구라도 있을라치면 삼삼오오 함께 모여 '대~한민국' 외치며 경기를 관람했습니다. 무엇보다도 한인들이 있는 곳에는 교회가 개척되어 커뮤니티의 중심이 됩니다. 신앙의 기반이 고르지 못한 성도인 경우 교회를 커뮤니티의 한 형태로 바라보게 됩니다. 자연스레 교회는 이민 생활의 외로움을 달래주는 위로처가 되기도 했습니다.

나 또한 예외는 아니어서 가끔씩 형식적으로 다녔던 교회였지만 멕시코에 오자마자 교회에 출석했습니다. 남편 따라 주일, 수요예배, 구역예배도 참석해 보았지만 여전히 종교생활에서 벗어나지는 못했습니다.

그간 사회생활 경력이 있었기에 웬만한 인간관계는 자신 있다고 생각했습니다. 하지만 막상 전업주부로 살다보니 주변에서 벌어지는 사소한 다툼 속에서 어찌할 바를 몰랐습니다. '남의 말하기를 좋아하는 자의 말은 별식과 같아서 뱃속 깊이 내려가느니라' 라는 잠언의 말씀처럼 다른 사람들의 흉을 보며 지내는 것이 일상이 되었습니다. 더욱이 깊은 속내를 터놓고 지낼 수 없었던 상황이 지속되다 보니 우울증에 향수병까지 겹쳐 심각한 지경에 이르게 되었습니다. 앉으나 서나 눈물만 나고 마음을 다스릴 수 없는 상황까지 이르게 된 것입니다.

그러던 어느 날, 갑자기 성경책을 보고 싶어졌습니다. 눈물이 나면서 간절히 기도하고 싶다는 생각도 들었습니다. 그동안 수년을 교회를 다니면서 집사 직분도 받았지만 한 번도 무릎을 꿇고 기도해 본적이 없었습니다. 성경책을 제대로 읽어 본 적도 없었습니다. 그런데 우울증으로, 향수병으로 병들어 가고 있는 상황에서 생각지도 않았던 하나님이 불현듯 떠오른 것입니다.

그렇게 해서 성경을 읽게 되었습니다. 그런데 성경 말씀이 저절로 믿어졌습니다. 마치 성경 말씀이 살아 꿈틀거리면서 내 안으로 빨려 들어오는 것만 같았습니다. 눈물이 났습니다. 그동안 그 누구에게도 털어 놓지 못했던 나의 고통을 하나님께 털어 놓고 싶어졌습니다.

"하나님. 나 너무 많이 아파요. 나 좀 도와주세요. 자살의 충동 때문에 견딜 수가 없어요. 살아갈 수가 없어요. 하나님이 정말로 살아 계신다면 제발! 나 좀 도와주세요."

이렇게 하나님께 모든 것을 털어 놓고 살려달라고 매달리고 싶었습니다.

그동안 하나님의 음성을 단 한 번도 들은 적은 없었지만, 하나님의 음성이 이제는 정말로 듣고 싶어졌습니다. 그 순간 진심을 다해 하나님께 부르짖었습니다.

"하나님! 나 좀 도와주세요. 죽을 것만 같아요. 하나님! 제발 살려주세요!"

사람 앞에서 울듯, 나는 하나님 앞에서 목 놓아 울었습니다. 한참을 울며 기도하고 있는데 그 순간 자살한 오빠들이 한 줌의 재가 되어 나온 벽제 화장터가 보였습니다. 벽제 화장터 구석에 쪼그려 앉아 울고 있는 어머니의 모습이 보였습니다. 죽은 큰 오빠의 사진과 유품을 태우며 울고 있는 내 모습도 보였습니다. 죽은 오빠들이 너무 그리워 데굴데굴 구르며 통곡하는 내 모습이 스쳐 지나갔습니다.

"하나님! 나 너무 많이 아파요. 죽을 것만 같아요. 제발! 제발! 도와주세요."

그 순간 혀가 꼬이면서 갑자기 방언이 터져 나왔습니다. 성령의 강력한 불이 머리부터 발끝까지 관통하고 있었습니다. 마치 큰 불기둥이 내 안에 내려 꽂이는 것 같았습니다. 온 몸이 불덩이가 되면서 강력한 성령의 임재를 경험하게 되었습니다. 평생 단 한 번도 체험하지 못했던 놀라운 경험이었습니다.

🐝 열려진 영적 세계

강력한 성령 체험을 한 후 그 동안 하나님을 알지 못한 채 완고한 종교인으로 살았던 내가 너무 어리석게 느껴졌습니다.

'정말로 하나님이 살아 계시구나. 하나님께서 그동안 나와 함께 계셨구나!'

이런 생각이 들 때마다 하나님을 사랑하는 마음이 불일 듯 일어났습니다. 한 순간의 하나님의 만지심으로 내 삶 자체가 송두리째 변화되는 것 같았습니다. 그동안 신화라고만 치부했던 성경이 문자 그대로 믿어졌습니다. '성경이 정말로 역사였구나. 실제였구나. 살아 있는 하나님의 말씀이구나'하는 생각이 들 때마다 감격스러웠습니다.

그렇게 얼마간의 시간이 흘렀습니다. 그런데 예상치도 못했던 놀라운 일들이 일어나기 시작했습니다. 갑자기 시야에 이상한 존재들이 보였습니다. 영적인 존재, 악한 영(귀신)들이 보이기 시작한 것입니다.

갑자기 어떤 멕시코 여자가 마귀의 형태로 보였습니다. 눈을 비비고 다시 보아도 마귀의 형상으로 보였습니다. 너무 흉측하고 무서워 얼굴을 돌렸습니다. 어떤 사람은 마귀의 형체로 보였으나 또 어떤 사람은 그냥 사람의 형체로 보이기도 했습니다. 마귀의 형체로 보인 사람은 그 사람 안에 더러운 귀신이 지배하고 있었으므로 영의 세계가 열렸던 내게 그렇게 보였던 것입니다.

심지어 악한 영들이 서로 대화하는 소리가 들렸습니다. 나를 자살하게 만들어서 지옥으로 데려가면 자기들이 상급을 받는다는 내용이었습니다. 영적인 존재가 보이며, 악한 영들이 서로 대화하는 소리가 선명하게 들렸습니다. 보이지 않는 영의 세계가 열려 버린 것입니다.

나는 이전에 영적인 체험이 전혀 없었던 사람이었습니다. 영적인 존재가 있다는 사실조차도 부인했던 사람이었습니다. 그런 상태에서 갑자기 열려 버린 영의 세계에 대해 어떻게 대응해야 할지 전혀 알 수가 없었습니다.

그러던 중 어떠한 음성이 들렸습니다. 큰 오빠의 자살이후부터 줄곧 나를 따라 다녔던 바로 그 음성이었습니다.

"죽어라! 죽어라! 죽으면 편하다! 죽으면 아무것도 없다!"

소스라치게 놀라며 정신을 놓아 버렸습니다. 영의 세계가 열린 상태로 그 음성을 들으니 그간의 죽음의 음성이 어디로부터 기인된 것이었는지 확실히 보게 되었습니다. 그 죽음의 음성은 바로 악한 영이 주었던 음성이었습니다. 영적인 세계가 보이지 않았을 때에는 그 음성이 어디서 온 것인지 전혀 몰랐습니다.

'내가 왜 자꾸 자살을 생각하고 있지?'

이렇게만 생각하며 그냥 지나쳤는데, 실제로 내 귀에 넣어주는 그 음성을 들으니 두려움과 공포에 온 몸이 부들부들 떨렸습니다.

"죽어라! 죽어라! 죽으면 끝난다!"

악한 영은 이제 내 귀에 대고 직접적으로 죽음의 음성을 주입했습니다. 그럴 때마다 나는 헛소리를 하며 발작을 일으켰습니다.

그 순간 더 깊은 영적인 세계로 빠져 들어갔습니다. 실제인지 환상인지, 비몽사몽간 내 영혼을 보게 되었습니다. 내 영혼이 철저하게 악한 귀신들에게 매질당하고, 질질 끌려 다니며 고문당하는 광경을 보았는데 내 육체 가운데에서도 그 고통이 생생히 느껴졌습니다. 마치 악한 귀신은 나의 영혼을 괴롭히기 위해 존재하는 것처럼 나를 찢어 죽이고자 달려들었습니다. 먹잇감 앞에서 사납게 이빨을 드러낸 사자처럼 나의 영혼을 갈기갈기 찢기 위해 달려들었습니다. 분명 나는 죽지 않았습니다. 살아있는 상태로 영의 세계가 열려 지옥을 경험한 것입니다. 비몽사몽의 상태에서 나는 지옥을 보았습니다. 영의 세계가 열리고 악한 영들의 하는 소리를 들으며 나의 영혼은 서서히 죽어가고 있었습니다.

발작이 시작된 지 3일째 되던 날, 상태가 더욱 심각해져서 남편 혼자서는 도저히 감당할 수가 없는 상황이 되었습니다. 정신을 잃고 허우적거리며 헛소리를 하고 있는 나를 붙들고 남편은 "하나님! 우리 부인 좀 살려 주세요"하며 울부짖었습니다. 어린 딸아이마저도 마치 시신처럼 굳어져 누워 있는 나를 붙들고 "엄마 죽지마, 엄마 죽지마"하며 울었습니다. 남편은 더 악화되어 가는 상태를 보고 어찌할 바를 몰랐습니다. 결국 교회 목사님께 전화를 걸어 도움을 요청했습니다. 집에 심방을 온 교회 목사님과 성도들은 생각보다 훨씬 심각한 상태를 보고 통성으로 기도하기 시작했습니다.

정신이 오락가락한 상황에서도 남편의 우는 모습을 보니 눈물이 왈칵 쏟아졌습니다. 몇 일째 아무것도 먹지도, 자지도 못한 상태라 소리 내어 울 기력도 없었습니다. 말 한 마디 하는 것조차도 힘에 겨웠습니다. 가까스로 젖 먹던 힘을 다해 남편에게 이렇게 말했습니다.

"여보. 나 너무 많이 아파. 여보. 미안해. 나는 먼저 죽지만, 하은이를 잘 부탁해."

이 말에 남편과 성도들은 그런 생각은 절대 하지 말라며 나를 붙들고 울었습니다.

남편의 유학으로 8년 동안 떨어져 지내다 이제 겨우 가족이 함께 살게 되었는데, 갑자기 억울한 생각이 들었습니다. 나는 속으로 하나님을 원망하기 시작했습니다.

'하나님! 정말 너무하십니다. 내가 뭐 그리 큰 죄를 지었습니까? 하나님! 도대체 나에게 왜 이러십니까? 왜 나를 이토록 비참하게 하십니까?'

내 인생이 이렇게 비참해 지도록 내버려 두고 있는 하나님이 미웠습니다. 하나님이 원망스러웠습니다.

그 순간 '죽으면 편하다. 죽으면 아무것도 없다'의 음성은 '다음 죽을 사람은 바로 너다! 너다! 너다!'로 바뀌기 시작했습니다. 악한 영은 내 귀에 대고 '죽어라. 죽어라'를 연신 외쳐대고 있었습니다. 평생을 따라다녔던 죽음의 음성은 내 생각이 아니라 바로 악한 영의 음성이었던 것입니다. 너무나 두렵고 무서워 사시나무 떨듯 떨렸습니다. 그러나 어느 순간 악한 영이 넣어주는 생각을 내 마음에 받아 들였습니다.

'죽자, 죽었으면 좋겠다. 죽으면 정말로 편하겠다.'

자살에 대한 생각을 마음으로 받아들이는 순간 악한 영이 어떤 영상을 보여 주었습니다. 집 뒷마당에서 빨랫줄에 목을 맨 채로 죽어 있는 나의 모습이었습니다. 소름이 끼쳐 고개를 절래 절래 흔들었지만 악한 영이 보여준 영상은 이미 나를 사로잡은 상태였습니다.

그 순간 누워 있는 나를 흔들며 울며불며 기도하고 있는 남편, 목사님, 그리고 여덟 명의 성도들이 너무나 귀찮게 느껴졌습니다.

'빨리 좀 갔으면 좋겠다. 이 사람들 가고 나면 뒷마당에 나가서 빨랫줄에 목을 매고 죽어야겠다.'

나는 자살을 결단했습니다. 자살을 결심하자 악한 영은 또 다른 영상을 보여 줬습니다. 내가 물에 빠져 죽어있는 모습이었습니다. 악한 영들은 목을 매고 자살한 모습과 물에 빠져 죽어 있는 모습을 번갈아 보여주며 '죽어라. 죽어라'를 연신 외쳐대고 있었습니다.

'우리 아버지가 이렇게 죽어갔구나. 두 오빠도 이렇게 죽어갔구나. 사촌 여동생이 이렇게 죽어갔구나. 나도 결국 이렇게 죽는구나.'

억울하고 분했지만 어찌할 수가 없었습니다. 어떤 악한 영은 사람의 형상처럼 보였습니다. 어떤 악한 영은 짐승의 모습으로 보이기도 했습니다. 순간순간 형상을 바꿔가며 '죽어라, 죽어라, 죽으면 끝이다. 죽으면 편안하다'를 외쳐대며 내가 자살을 실행하도록 충동질을 해댔습니다. 이루 헤아릴 수 없이 많은 악한 영들이 피 냄새를 맡고 달려드는 하이에나처럼 내 주위에 몰려들었습니다. 악한 영들이 몰려들수록 지옥을 경험하며 나는 죽어가고 있었습니다. 그 순간 영원한 시간에 대한 두려움이 엄습해 왔습니다. 죽음의 실체, 지옥이 내게 현실적으로 다가올 때마다 온 몸이 파르르 떨리며 정신을 놓아 버렸습니다.

그 순간 세미한 한 음성이 들렸습니다.

"딸아! 내가 너를 고아처럼 홀로 두지 않으리라! 딸아, 기도하여라."

이 세미한 음성이 내 안의 성령님의 음성이었는지, 외부로부터 들리는 음성이었는지 알 수 없었습니다. 그러나 그 음성을 붙잡지 않는다면 내가 정말 죽을 것이라는 강한 확신이 들었습니다. 그 순간 회개하며 기도하기 시작했습니다.

"하나님, 회개합니다. 제가 잘못했어요. 하나님은 분명 이렇게 살아 계신데 제가 없다고 말했던 것을 회개합니다. 하나님을 의심했던 것도 회개합니다. 영원한 고통 속에 저를 내버려 두지 마세요. 하나님! 제발 살려 주세요. 내 죄가 너무 큽니다. 하나님! 제발 살려 주세요. 용서해 주세요."

그렇게 내 영혼이 하나님 앞에서 부르짖을 때 크고 강한 음성이 들렸습니다.

"사랑하는 내 딸아, 강하고 담대하라. 두려워 말라. 내가 도우리라."

이 음성을 듣는 순간 내 영이 점점 살아나고 있음을 직감적으로 느꼈습니다. 내 영이 깨어나니 나를 죽이려고 달려들던 악한 영들이 내 시선에서 점점 사라져 갔습니다. 내 귀에 직접 대고 '죽어라, 죽어라'를 연신 외쳐대던 악한 영도 저 멀찌감치 떨어져 보고만 있을 뿐 더 이상 다가오지는 못했습니다.

나는 그 순간부터 하나님의 음성을 붙들고 기도하기 시작했습니다. 극심한 쇼크 때문에 피가 심장에 고여 비록 내 육신은 죽어가고 있었지만 하나님의 음성을 붙잡은 내 영은 다시 소생되고 있었습니다. 내 영이 살아나니 기도가 더욱 강력해졌습니다. 성령님의 도움으로 기도가 강력해지자 저만치 떨어져 있던 악한 영들이 혼비백산 되어 줄행랑을 쳤습니다.

나는 살기 위해서 목에 피가 나도록 기도했습니다. 영의 세계에서 기도의 능력을 체험하고 난 후 나는 죽기 살기로 하나님께 매달리며 부르짖었습니다. 기도할 때마다 샘솟듯 기쁨이 밀려 왔습니다. 기도할수록 하나님의 사랑이 실제가 되어 한 번도 경험하지 못했던 평안함이 내 영혼을 감쌌습니다.

그러는 사이 피가 고여 위험했던 심장도 회복되어 갔습니다. 우울증과 불면증까지도 감쪽같이 사라졌습니다. 기도한지 한 달 정도가 지났을 무렵, 더 이상 악한 영들은 보이지 않게 되었습니다. 죽음의 음성 역시도 사라졌습니다.

아버지의 자살 이후부터 줄곧 나를 옭아 매었던 죽음의 저주, 어둠의 음성, 자살의 충동으로부터 완전히 해방되었습니다. 완전한 치유가 일어난 것입니다.

할렐루야! 하나님을 찬양합니다.
이 모든 영광 오직 하나님만 받으소서.

Chapter 2
자살과 연관된 영적 세계 이야기

Chapter 2
자살과 연관된 영적 세계 이야기

지옥의 문턱에서 건져 주신 하나님께서 내게 새 생명을 선사해 주셨습니다. 한 순간의 하나님의 만지심으로 완전한 삶의 전환이 일어났습니다. 그동안 잘 먹고, 잘 사는 것이 성공한 인생이라고 생각했습니다. 성공해야만 행복해질 수 있다고 생각했습니다.

그러나 주님을 인격적으로 만난 후 내가 얼마나 왜곡된 가치관을 가지고 평생을 살아왔는지 깨닫게 되었습니다. 진정한 삶의 가치가 무엇인지를 발견했습니다. 주님께서 내 이름을 아시는 것, 바로 그것이 이 세상에서 받을 수 있는 가장 큰 축복이라는 믿음이 세포 하나하나에 아로 새겨졌습니다. 주님께서 내 이름을 기억하시도록 날마다 기도했습니다. 주님께서 내 이름을 잊지 않으시도록 목에 피가 나도록 부르짖으며 주님만을 찾았습니다.

기도하면 할수록 짧은 여행과도 같은 이 세상의 삶에 더 이상 미련을 갖지 않게 되었습니다. 나의 본향은 저 천국, 하나님 아버지의 품안이라는 믿음이 심령 깊이 각인되었습니다.

무엇보다도 예수님께서 나를 위해 돌아가셨다고 생각하니 복음을 전하지 않고는 견딜 수가 없었습니다. 복음 안에 머무는 삶이 세상에서 가장 가치 있는 인생이라는 생각이 들었습니다. 복음을 전하는 것은 내가 살아 숨 쉬고 있다는 확증이었습니다. 복음은 내 삶의 유일한 목적이 되었습니다.

그렇게 복음을 전하고 있던 내게 하나님께서 "네가 나를 사랑하느냐. 내 양을 치라. 내 양을 먹이라" 하시며 사명을 주셨습니다. 그 후 하나님의 부르심에 순종하여 신학을 하게 되었고 지금은 주님의 종이 되었습니다. 남편 또한 멕시코를 섬기는 의료선교사가 되었습니다.

인격적인 하나님을 만난 후, 나는 우연한 기회에 내적 치유[1] 세미나에 참석하게 되었습니다. 세미나 기간 내내 10살 때부터 옭아

---

1) 내적치유는, 주로 인간 내면의 치유에 관한 부분을 집중적으로 다룹니다. 상한 마음을 치유하는 것입니다. 내면 깊숙이 잠재되어 있는 상처를 다시 끄집어내 치유하기 때문에 자신이 그동안 상처라고 인식하지 못했던 아픔까지도 드러나면서 치유되기도 합니다.

매었던 아버지에 대한 공포가 다시금 선명히 되살아났습니다. 아버지의 기억이 떠오를 때마다 온 몸이 부들부들 떨렸습니다. 채 아물기도 전에 덮어 버렸던 상처가 고스란히 남아 내 안에서 악취를 풍겼습니다.

나는 꽤 오랜 기간동안 교회를 다녔습니다. 그러함에도 불구하고 그동안 한번도 하나님을 아버지라고 부를 수 없었습니다. 용기가 나지 않았습니다. 아버지라는 단어가 튀어나올 때마다 공포로 인해 온 몸이 감전되는 것 같았습니다. 아버지는 내게 있어 공포 그 자체였습니다.

그런데 내적 치유를 받으면서 그런 아버지 역시도 하나님의 형상으로 빚어진 하나님의 사랑의 작품이라는 생각이 들었습니다. 그동안 아버지를 증오만 했지, 한번도 아버지의 삶을 이해하려고 하지 않았습니다. 생전 처음 아버지가 측은하게 느껴졌습니다. 어느새 아버지의 고통은 고스란히 내 가슴에 전해졌습니다.

첩의 아들로 태어나 핏덩어리 채로 생모에게 버림받아 천덕꾸러기 신세가 된 아버지...

이리저리 젖동냥을 다니며 목숨만 근근이 연명했던 아버지...

아마도 아버지는 성장하면서 자신이 첩의 자식이라는 것을 알았을 것입니다. 생모에게 버려졌다는 사실도 알았을 것입니다. 그럼에도 불구하고 뼈가 사무치도록 생모가 그리웠을 것입니다. 어머니의 이름을 수없이 부르며 목 놓아 울었을 것입니다. 외로움에 치를 떨며 세상을 원망했을 것입니다. 생모에 대한 그리움이, 분노가 되어 그 날카로운 칼끝이 자신을 향하고 있음도 알았을 것입니다. 감당할 수 없는 분노의 잔을 가족과 자신에게 쏟아 부으면서 분명 괴로워했을 것입니다.

'도대체 무엇이 아버지를 그토록 분노의 사람으로 만들었던 것일까?'

비극적인 삶을 살다 자살로 훌쩍 떠나가 버린 아버지에 대한 긍휼이 불일 듯 일어났습니다. 가슴이 아렸습니다. 눈물이 났습니다. 홀로 견뎌내야 했을 아버지의 고통의 무게가 고스란히 내게 전해졌습니다. 이제 진심으로 아버지를 용서하고 싶어졌습니다.

나지막이 불러 봅니다.

"아버지... 사랑하는 나의 아버지..."

우리 아버지는 49살, 많지 않은 나이에 집 옥상에서 목을 매고 자살했습니다. 둘째 오빠는 18살, 꽃다운 청춘에 관악산에서 운동화 끈에 목을 매고 자살했습니다. 큰 오빠는 25살, 아름다운 나이에 한강대교에서 신발만 남겨 놓고 물에 빠져 자살했습니다.

자살의 저주로 인해 우리 가족의 반을 몽땅 다 잃어 버렸습니다. 나는 이제 관악산을 갈 수 없게 되었습니다. 한강대교를 지나칠 때마다 오빠를 삼킨 한강을 보며 눈물을 뿌려야 했습니다. 울어도, 목 놓아 불러 보아도, 자살로 잃어버린 내 사랑하는 가족을 그 어디에서도 찾을 수가 없습니다. 통곡이 나옵니다. 가슴이 찢어집니다.

나는 온 몸으로 자살의 아픔을 느꼈습니다. 나의 세포 하나하나가 그 모든 고통을 기억하고 있습니다. 그렇기에 자살한 이들, 그리고 남겨진 이들의 아픔을 이해할 수 있습니다.

'오죽했으면... 얼마나 힘들었으면 자살했을까?'

그들의 처절한 고통이 내 가슴에 고스란히 전해집니다. 아직도, 여전히 '자살'이라는 단어는 내 가슴을 오그라들게 합니다.

자살 충동으로 하루에도 몇 번씩 수면제를 잡았다 놓았다 하십니까?

지치고 고단한 이 세상, 종지부를 찍고 편히 쉬고자 목을 매는 상상을 하십니까?

죽고 나면 아무것도 없다고 생각하면서 물에 빠져 죽을 생각을 하고 계십니까?

이제 자살은 비단 우리 가족의 문제만이 아닙니다. 자살은 우리를 위협하고 있는 가장 강력한 도전입니다. 자살은 이제 드러내야 할 사회적 문제이며, 치유 받아야 할 상처입니다.

또 다른 누군가가 나와 같은 비극을 절대로 겪지 않기를 바라는 마음으로 눈물로 이 책을 써 내려갑니다. 나의 아픔이 다른 이들에게 희망의 메시지가 될 수 있다면, 그래서 한 영혼이라도 자살의 구렁텅이에서 건져 낼 수 있다면, 나의 고통은 오히려 하나님께서 주신 놀라운 축복입니다.

🐝 자살의 계절

"부탁이야. 울지 마. 이것이 최선의 방법이야. 슬픔은 영원히 남겠지. 이제 나는 집으로 간다."

광기의 화가라 불리며, 한 시대를 풍미했던 '빈센트 반 고흐'가 자살하면서 남긴 유언입니다.

이제 자살은 주변에서 흔히 접할 수 있는 평범한 일이 되었습니다. OECD 국가 중에서 한국이 자살률 1위라는 사실은 이미 보편적 상식이 되었습니다. 하루에 평균 40명의 고귀한 생명이 자살로 목숨을 끊습니다. 바야흐로 자살의 계절로 접어들었습니다.

이제 가족의 해체로 인해 자녀들에게 외면당한 독거노인들이 자살을 선택합니다. 명예가 실추된 사회지도층 인사들이 자신의 정당성을 증명이라도 하려는 듯 한강에서 투신합니다. 생계가 막막해진 택시 운전사는 청와대 앞에서 분신자살을 합니다. 성적을 비관한 학생들은 아파트 옥상으로 줄줄이 올라가고 있습니다. 자살사이트를 넘나들던 젊은 남녀들은 싸늘한 시체가 되어 곳곳에서 발견되고 있습니다. 2013년에 무려 79명의 병사가 군대에서의 가혹행위로 자살을 선택했습니다.

이제는 자살의 이유도 다양해져서 그 원인조차도 규명할 수 없을 정도가 되었습니다. 최근에는 그저 세상 사람들이 싫어서 자살하는 '묻지마 자살'이 유행처럼 번지고 있습니다. 심지어 '자살 신드롬'이라는 신종어가 생겨날 만큼 자살은 이미 우리 곁에 성큼 다가와 있습니다.

지금 이 순간에도 누군가는 삶의 무게를 견디지 못한 채 자살을 생각하고 있을지 모릅니다. 자살이라는 극단적인 방법만이 최선의 선택이라고 생각하며 자살을 시도할지도 모릅니다. '이것이 최선의 방법이야'하며 자살을 선택한 빈센트 반 고흐처럼 말입니다.

수많은 사람들이 사회적, 환경적, 개인적인 문제를 극복하지 못한 채 자살을 선택합니다. 인생의 막다른 골목에서 자살을 선택합니다. 자살하는 사람을 보면서 사회와 환경이 자살을 조장하고 있다고 많은 사람들이 이구동성 입을 모읍니다. 자살은 사회적인 문제입니다. 또한 환경적인 문제이며, 개인적인 문제일 수도 있습니다. 그럼에도 불구하고 자살을 사회적, 환경적, 개인적인 문제로만 치부하기에는 어딘가 석연치 않는 부분이 있습니다.

과연 자살을 사회적, 환경적, 개인적 문제에서 기인된 결과라고 단언할 수 있을까요? 보이는 영역에서 자살을 규명한다면 분명 자살은 사회적, 환경적, 개인적 문제로 인해 기인된 사건입니다. 대부분의 사람들이 그 말에 동의할 것입니다.

그러나 나는 이제 다른 각도에서 자살을 조명할 것입니다. 보이지 않는 영의 세계에서 자살을 두고 어떠한 일들이 벌어지고 있는지 성경을 통해 다룰 것입니다. 영의 세계를 통해 자살을 조명해 본다면 자살을 보는 시각과 관점은 분명 달라질 것입니다.

욥에게 닥친 시련

우스 땅에 욥이라 불리는 사람이 있었는데 그는 온전하고 정직하며 악에서 떠난 사람이었습니다. 무엇보다도 욥은 하나님을 경외하며 하나님만을 섬기는 사람이었습니다. 그런데 욥에게 갑자기 시련이 찾아옵니다.

> "하루는 욥의 자녀들이 그 맏아들의 집에서 음식을 먹으며 포도주를 마실 때에 사환이 욥에게 와서 아뢰되 소는 밭을 갈고 나귀는 그 곁에서 풀을 먹는데 스바 사람이 갑자기 이르러 그것들을 빼앗고 칼로 종들을 죽였나이다 나만 홀로 피하였으므로 주인께 아뢰러 왔나이다 그가 아직 말하는 동안에 또 한 사람이 와서 아뢰되 하나님의 불이 하늘에서 떨어져서 양과 종들을 살라 버렸나이다 나만

홀로 피하였으므로 주인께 아뢰러 왔나이다 그가 아직 말하는 동안
에 또 한 사람이 와서 아뢰되 갈대아 사람이 세 무리를 지어 갑자
기 낙타에게 달려들어 그것을 빼앗으며 칼로 종들을 죽였나이다 나
만 홀로 피하였으므로 주인께 아뢰러 왔나이다 그가 아직 말하는
동안에 또 한 사람이 와서 아뢰되 주인의 자녀들이 그들의 맏아들
의 집에서 음식을 먹으며 포도주를 마시는데 거친 들에서 큰 바람
이 와서 집 네 모퉁이를 치매 그 청년들 위에 무너지므로 그들이
죽었나이다 나만 홀로 피하였으므로 주인께 아뢰러 왔나이다 한지
라" (욥 1:13-19, 개정)

속담에 '엎친 데 덮친 격'이라는 말이 있는데, 바로 욥에게 해당
되는 말입니다. 엄청난 축복을 누리던 욥은 하루아침에 모든 소유
와 자녀들을 다 잃게 되었습니다. 예기치 못한 환경적인 어려움이
갑작스럽게 욥에게 휘몰아쳐 왔습니다. 상상을 초월하는 환란이
한꺼번에 욥에게 밀어 닥친 것입니다. 그러나 어려움은 그것으로
끝나지 않았습니다. 막다른 골목에 몰린 욥에게 신체적 질병까지
발생한 것입니다.

"사탄이 이에 여호와 앞에서 물러가서 욥을 쳐서 그의 발바닥에서
정수리까지 종기가 나게 한지라 욥이 재 가운데 앉아서 질그릇 조
각을 가져다가 몸을 긁고 있더니" (욥 2:7-8, 개정)

환경적인 어려움과 함께 개인적인 고통이 욥에게 한꺼번에 밀어 닥쳤습니다. 이유도 모른 채 모든 소유와 자녀를 다 잃어버린 욥은 망연자실할 수밖에 없었을 것입니다. 심지어 욥의 아내는 기와 조각으로 온 몸에 난 종기를 긁고 있는 욥을 보며 저주의 말을 퍼부어 댔습니다.

"차라리 하나님을 저주하고 죽어 버려라!"

이제 욥은 티끌만한 희망의 불씨조차도 발견할 수 없는 환경이 되었습니다. 눈에 보이는 것은 오로지 절망뿐이었습니다. 하루가 가고, 이틀이 가고, 한 달이 가도 회복될 희망이 없는 현실을 보며 욥은 더 낙담했을 것입니다. '쥐구멍에도 볕들 날 있다'는 말은 그 당시 욥에게는 전혀 해당되는 말이 아니었습니다. 환경적, 개인적인 문제로 인해 극심한 좌절감에 시달리는 욥은 결국 이렇게 울부짖습니다.

> "어찌하여 내가 태에서 죽어 나오지 아니하였던가 어찌하여 내 어머니가 해산할 때에 내가 숨지지 아니하였던가 어찌하여 무릎이 나를 받았던가 어찌하여 내가 젖을 빨았던가 그렇지 아니하였던들 이제는 내가 평안히 누워서 자고 쉬었을 것이니 자기를 위하여 폐허를 일으킨 세상 임금들과 모사들과 함께 있었을 것이요 혹시 금을 가지며 은으로 집을 채운 고관들과 함께 있었을 것이며 또는 낙태되어 땅에 묻힌 아이처럼 나는 존재하지 않았겠고 빛을 보지 못한

아이들 같았을 것이라" (욥 3:11-16, 개정)

막다른 현실 앞에서 욥은 자신이 태어난 것조차도 후회스럽다고 한탄했습니다. 욥의 고통스러운 울부짖음은 한번으로 그치지 않았습니다.

"이러므로 내 마음이 뼈를 깎는 고통을 겪느니 차라리 숨이 막히는 것과 죽는 것을 택하리이다 내가 생명을 싫어하고 영원히 살기를 원하지 아니하오니 나를 놓으소서 내 날은 헛 것이니이다" (욥 7:15-16, 개정)

욥은 자신이 질식되어 죽기를 바란다고 했습니다. 사느니 죽는 것이 낫다고 고백했습니다. 뼈를 깎는 고통을 겪느니 차라리 숨이 막혀 죽는 것을 선택하겠노라고 말했습니다.

아마도 대부분의 사람들이 욥과 같은 현실에 봉착하게 된다면 자살을 떠올리게 될지도 모릅니다. 하나님께 의인으로 칭함 받았던 욥조차도 환경적, 개인적인 문제 앞에서 죽는 것이 낫다고 울부짖었습니다. 이러한 상황 속에서 만약 욥이 자살을 선택했다면 고흐처럼 '이것이 나에게 최선의 방법이야'하며 유언을 남겼을지도 모르겠습니다.

그런데 욥에게 일어났던 환경적, 개인적인 문제들은 욥의 잘못으로 기인된 문제였나요?

성경은 분명하게 '그렇지 않다'고 밝히고 있습니다. 욥의 환경적, 개인적인 어려움은 바로 '사탄이 일으킨 것'이라고 성경은 말하고 있습니다.

> "하루는 하나님의 아들들이 와서 여호와 앞에 섰고 사탄도 그들 가운데에 온지라 여호와께서 사탄에게 이르시되 네가 어디서 왔느냐 사탄이 여호와께 대답하여 이르되 땅을 두루 돌아 여기저기 다녀왔나이다 여호와께서 사탄에게 이르시되 네가 내 종 욥을 주의하여 보았느냐 그와 같이 온전하고 정직하여 하나님을 경외하며 악에서 떠난 자는 세상에 없느니라 사탄이 여호와께 대답하여 이르되 욥이 어찌 까닭 없이 하나님을 경외하리이까 주께서 그와 그의 집과 그의 모든 소유물을 울타리로 두르심 때문이 아니니이까 주께서 그의 손으로 하는 바를 복되게 하사 그의 소유물이 땅에 넘치게 하셨음이니이다 이제 주의 손을 펴서 그의 모든 소유물을 치소서 그리하시면 틀림없이 주를 향하여 욕하지 않겠나이까 여호와께서 사탄에게 이르시되 내가 그의 소유물을 다 네 손에 맡기노라 다만 그의 몸에는 네 손을 대지 말지니라 사탄이 곧 여호와 앞에서 물러가니라" (욥 1:6-12, 개정)

욥에게 일어났던 환경적인 어려움, 개인적인 어려움은 바로 사

탄이 일으켰습니다. [2]

사탄의 공격으로 욥은 환경적(전 재산과 모든 자녀를 잃었던 어려움), 개인적(신체적 질병)인 어려움을 당하게 된 것입니다. 견디다 못한 욥은 자신이 태어난 것을 후회했습니다. 이렇게 사느니 차라리 죽는 것이 낫다고 울부짖었습니다. 자신의 인생을 한탄하며 죽기를 갈망했습니다. 만약 이때 욥이 죽기로 작정하여 실행에 옮긴다면 자살이 되는 것입니다.

우리가 육신의 눈으로 자살을 보게 된다면, 사회적, 환경적, 개인적인 문제로밖에 보이지 않습니다. 그러나 영의 눈으로 본다면 사탄이 환경적, 개인적인 문제들을 일으키며 자살의 원인들을 제공하고 있다는 것을 분별할 수 있습니다.

---

2) 사탄의 권세 : 사탄은 이 세상의 신으로서 사회를 장악하며, 환경을 주도하며, 개인적인 문제들을 일으킬 수 있는 막강한 권세가 있습니다. 하지만 하나님의 피조물에 불과한 사탄이 창조 때부터 이러한 권세를 가졌던 것은 아닙니다. 창세기에 나타난 사탄은 하와를 유혹했던 뱀에 불과했습니다. 사탄이 뿌려놓은 죄의 유혹들을 인간이 뿌리치지 못한 채 하나님께 불순종하게 됨으로 하나님께서 우리에게 선물로 주셨던 그 모든 권세들을 사탄이 가로챘습니다. 물론 예수님께서 인간의 모든 죄를 짊어지고 십자가에서 대속사역을 완성하심으로 사탄에게 이양된 권세는 탈환되었습니다. 그러나 그럼에도 불구하고 우리가 여전히 죄 안에 거하고 있다면 그 죄성을 통해 사탄에게 막강한 권세와 힘을 부어 주게 됩니다. 예컨대, 제사나 우상숭배의 행위들이 사탄에게 에너지를 제공하는 근원이 됩니다. 전쟁, 살인, 폭력, 중독, 다툼, 시기, 음란, 불순종과 같은 죄를 계속 짓게 된다면 사탄에게 권세를 쏟아 부어 주는 것과 진배없습니다. 사탄은 악의 결정체이므로, 우리의 죄성을 통해 나타나는 악의 행동들에 의해 에너지를 흡수하며 이 세상의 신으로서 권세를 잡고 활동할 수 있는 것입니다. 그래서 창세기에 뱀으로 등장했던 사탄은 요한계시록에서는 어느새 용으로 부상하게 되었습니다.

제 성경을 통해 배우는 자살의 이해

성경을 보면 의외로 자살한 사람들이 상당수 등장합니다. 아비멜렉, 아히도벨, 시므리, 사울, 사울의 부하, 가룟 유다가 성경에 자살한 사람으로 기록되었습니다. 이들이 자살을 한 이유도 다양합니다. 아비멜렉은 수치심 때문에 자살을 선택했습니다(삿 9:50-55). 아히도벨과 시므리 왕은 극심한 좌절감을 견디지 못하고 자살을 감행했습니다(삼하 17:23; 왕상 16:18).

이스라엘의 초대 왕이었던 사울은 길보아산 전투에서 패한 후 적군의 칼에 죽지 않으려고 자신의 부하에게 자기를 죽이라고 명령했습니다. 그러나 그 부하가 두려워하며 죽이지 않자 사울은 자신의 칼 위에 엎드러져 자살했습니다(삼상 31:3-4). 적군에게 모욕당하며 불명예스럽게 죽느니 차라리 자살하는 것이 낫다고 판단한 것입니다. 사울의 부하 역시도 사울이 죽은 것을 보고, 그도 자기 칼 위에 엎드러져 자살했습니다(삼상 31:5). 가룟 유다의 경우 예수님을 은 30냥에 팔았다는 죄책감에 시달려 목을 매고 자살했습니다(마 27:5).

수치심, 좌절감, 모욕감, 두려움, 죄책감의 감정들이 이들을 강력하게 사로잡으면서 자살로 치닫게 했습니다.

그런데 이들 가운데 '사울과 가룟 유다'를 주목해서 볼 필요가 있습니다. 그 이유는 이들이 자살을 실행하기 전에 악한 영들의 공격이 있었다는 것이 성경에 구체적으로 기록되어 있기 때문입니다.

〈사울의 자살〉

> "여호와의 영이 사울에게서 떠나고 여호와께서 부리시는 악령이 그를 번뇌하게 한지라" (삼상 16:14, 개정)

> "그 이튿날 하나님께서 부리시는 악령이 사울에게 힘 있게 내리매 그가 집 안에서 정신없이 떠들어대므로 다윗이 평일과 같이 손으로 수금을 타는데 그 때에 사울의 손에 창이 있는지라 그가 스스로 이르기를 내가 다윗을 벽에 박으리라 하고 사울이 그 창을 던졌으나 다윗이 그의 앞에서 두 번 피하였더라" (삼상 18:10-11, 개정)

사울의 경우, 그의 불순종으로 인하여 여호와의 영이 떠나고 대신 악한 영에게 사로잡혔습니다. 악한 영에게 사로잡히자(삼상 16:14) 사울은 집안에서 정신없이 떠들어 댔습니다(삼상 18:10). 사울이 악령에 의한 귀신들림, 일시적인 정신착란을 일으키고 있는 것입니다.

뿐만 아니라 악한 영들은 사울로 하여금 다윗을 죽이도록, 살인하도록 자극했습니다. 악한 영은 죽음의 영이요, 살인의 영입니다(요 8:44). 기회가 되면 누구든지 죽음의 수렁으로 빠뜨리기 위해 환경을 몰아갑니다. 당시 사울은 악한 영들에 의해 생각과 감정, 심지어 행동까지도 통제를 당하고 있었습니다. 다윗을 죽이고자 하는 생각을 주입한 악한 영들은 종국에는 그 창끝을 사울, 자기 자신에게 향하게 했던 것입니다. 아마도 사울은 욥이 고통 중에 죽음을 생각했던 것처럼 '이것이 최선의 선택이야'하며 자살을 선택했을지도 모릅니다.

〈가룟 유다의 자살〉

"마귀가 벌써 시몬의 아들 가룟 유다의 마음에 예수를 팔려는 생각을 넣었더라" (요 13:2, 개정)

"열둘 중의 하나인 가룟인이라 부르는 유다에게 사탄이 들어가니" (눅 22:3, 개정)

가룟 유다도 마찬가지로 자살하기 전부터 악한 영들의 개입이 있었습니다.

악한 영은 가룟 유다의 마음에 예수님을 팔려는 생각을 넣었습니다(요 13:2). 가룟 유다의 생각의 통로를 장악하기 위해 악한 영의 공격이 시작된 것입니다. 만약 이 단계에서 가룟 유다가 악한 영이 주는 생각을 받아들이지 않았다면 단순히 생각으로 그치고 말았을 것입니다. 그러나 가룟 유다는 사탄의 생각을 받아 들였고 마음에 깊이 품었습니다. 그 결과 그 틈을 통해 악한 영은 가룟 유다에게 들어갈 수 있었습니다(눅 22:3). 이러한 악한 영의 잠식의 단계를 밟아나갔기에 가룟 유다가 예수님을 파는 도구로서 사탄에게 이용된 것입니다.

그런데 가룟 유다가 사탄의 도구로서 예수님을 팔고 난 후 들었던 생각은 무엇이었습니까? 극심한 죄책감이었습니다. 사탄은 유다의 죄책감에 더욱 정죄감을 불어 넣었고, 유다로 하여금 자살이라는 극단적인 선택을 하도록 이끌어 간 것입니다.

나에게 특이한 영적인 체험이 있습니다.

2013년 3월 23일, 주님께서 나에게 환상을 열어 주셨습니다.[3] 그 환상을 볼 때 너무 두렵고 떨려 주님께 이렇게 말씀드렸습니다.

"주여! 보기를 원하지 않나이다. 주여! 도와주소서."

그러나 주님께서는 "너는 보아야 한다. 이것을 보고 내 백성들에게 반드시 알려야 한다. 보아라. 보아야 한다. 내가 너의 손을 놓지 않을 것이라." 이렇게 말씀하셨습니다.

---

3) 영의 세계는 자신이 체험한 분량만큼 이해할 수 있습니다. 인간의 생각으로, 지식으로, 이성으로는 도저히 이해할 수 없는 영의 영역인 것입니다. 영의 세계는 육신의 눈으로 볼 수 있는 영역이 아닙니다. 주님의 주권 하에서, 주님의 인도 하에서 볼 수 있는 영의 영역인 것입니다. 주님께서 영안을 열어 주신다면 환상을 통해 영의 세계를 경험할 수 있습니다.

그동안 나의 마음 가운데 둘째 오빠의 자살에 대한 의문이 있었습니다.

'어떻게 그렇게 약한 운동화 끈에 목을 매고 자살할 수 있을까? 어떻게 그럴 수 있을까?'

도저히 납득이 되지 않았습니다. 그런데 하나님께서 환상을 열어 주셔서 29년 전 둘째 오빠의 자살 직전의 모습을 보여 주셨습니다.

1985년 6월 6일, 집을 나설 때만 해도 둘째 오빠는 자살할 마음이 없었습니다. 친구들과 함께 놀러간 관악산에서 즐겁고 행복해 보였습니다. 그런데 악한 영들이 오빠의 귀에 대고 이렇게 속삭이며 생각을 주입시켰습니다.

"너 사는 게 힘들지? 죽고 싶지? 너 사실 지금 죽고 싶잖아? 죽으면 편해. 죽으면 모든 게 끝나. 죽으면 아무것도 없어."

결국 둘째 오빠는 그 생각을 마음에 받아 들였습니다. 자살의 생각을 마음에 받아들이자 그 순간 수많은 악한 영들이 오빠를 사로잡았습니다. 오빠의 주변에 맴돌던 악한 영은 한 두 마리가 아니었습니다. 셀 수도 없을 만큼 많았습니다. 자살을 결단하자 둘째 오빠는 마치 악한 영에게 조종을 당하고 있는 것처럼 행동했습니다. 갑자기 운동화 끈을 풀기 시작했습니다. 마치 다람쥐가 나무에 오르듯 한순간에 나무에 올랐습니다. 운동화 끈을 나무에 매달았습니다. 그 끈에 목을 맸습니다. 그리고 나무에서 뛰어 내렸습니다. 그런데 그 운동화 끈이 너무 약하여 쉽게 죽을 수가 없었습니다.

그 순간 마귀가 기다렸다는 듯이 오빠에게 달려들었습니다. 그리고 오빠의 목을 졸랐습니다. 죽기 바로 직전에 오빠의 영안이 열렸고 자신에게 달려들어 목을 조르고 있는 악한 마귀를 보았습니다. 그 순간 오빠의 눈은 두려움과 공포로 핏발이 섰습니다. 둘째 오빠는 숨이 넘어가기 직전에 이 한마디를 남긴 채 처참하게 죽어갔습니다.

"엄마! 살려줘! 엄마 살려줘! 엄마! 미안해……"

사랑하는 나의 둘째 오빠는 그렇게 죽어갔습니다. 악한 마귀는 오빠의 영혼을 지옥으로 끌고 갔습니다.

'우리 둘째 오빠가 이렇게 처참하게 죽어갔구나.'

가슴이 아렸습니다. 눈물이 앞을 가려 한동안 아무것도 할 수가 없었습니다.

악한 영들은 둘째 오빠를 공격했고 자살하도록 유도해 나갔습니다. 오랫동안 오빠가 앓고 있었던 우울증은 악한 영들이 공격하기에 최적의 환경을 만들었습니다. 9년간의 불임으로 우울증을 앓고 있었던 나에게도 악한 영들은 "죽어라. 죽으면 편하다. 죽으면 아무것도 없다!"라고 속삭였습니다.

단지 보이는 관점으로 자살을 보면 사회적, 환경적, 개인적인 문제로밖에 보이지 않습니다. 그러나 영적 세계에서 악한 영들이 환경적, 개인적인 문제들을 일으키며 자살의 원인들을 제공하고 있다는 것을 잊어서는 안 됩니다.

욥이 사탄에게 공격을 받았습니다. 사울과 가룟 유다도 마찬가지였습니다. 욥, 사울, 가룟 유다를 공격했던 간교한 악한 영들은 지금도 동일하게 역사하고 있습니다. 우리의 삶 속에서 악의 기운들을 퍼뜨리며, 자신들의 악의 영역을 확장해 나가고 있습니다.

급속도로 번지고 있는 자살의 확산은 현 시대에 사탄이 강력하게 일하고 있다는 단적인 증거입니다. 지금 누군가가 자살의 충동에 사로잡혀 있다면 숨겨진 이 영적인 원리를 기억하시기 바랍니다.

🐝 자살하는 사람들, 도대체 하나님은 어디계신가?

앞에서 자살은 사회적, 환경적, 개인적인 문제로 기인된 것뿐만 아니라 악한 영의 공격으로 인해 나타나는 현상이라는 것을 살펴보았습니다. 그런데 문득 이러한 생각이 들 수 있습니다.

'악한 영들의 공격으로 인해 자살의 충동이 일어난다고 하는데 과연 하나님은 무엇을 하고 계시는 것일까?'

'하나님께서 일하고 계신다고 하는데 왜 자살이 계속 증가하는 것일까?'

자살의 홍수, 자살의 계절을 살고 있는 이 시대에 과연 하나님
은 무엇을 하고 계신 것일까요?

온 세상에 미치는 하나님의 선한 영향력

흔히들 사람들은 하나님께서 신자에게만 그 분의 영향력을 비
추신다고 생각합니다. 불신자들은 하나님의 마음과 생각을 받지
못할 것이라고 생각합니다. 불신자들은 하나님의 존재를 인정하지
않기 때문에 하나님의 손길을 느낄 수 없다고 생각합니다. 하나님
의 음성을 듣는 것은 신자들만의 전유물이라고 생각합니다. 하지
만 꼭 그렇지만은 않습니다. 하나님께서는 신자든 불신자든 상관
없이 온 세상과 사람들에게 영향력을 미치고 계십니다.[4]

성경을 살펴보면 하나님의 영향력이 불신자에게 미쳤던 예시가
곳곳에 기록되어 있습니다. 바사 왕국을 다스리던 고레스 왕이 바

---

4) 하나님의 선한 영향력 : 인간의 구성요소에 따라 이분설과 삼분설로 나누는데, 이분설은 인간
이 영혼+육으로, 삼분설은 영+혼+육으로 구성되었다고 보는 견해입니다. 이분설과 삼분설 모
두, 인간은 영을 가진 존재로서 우리의 영안에 하나님의 공간이 존재하고 있음을 언급합니다.
우리의 '영'은 하나님의 통치기관이며 하나님의 영이신 성령께서 거하시는 성전(고전 3:16)입
니다. 그렇기 때문에 설령 불신자일지라도 하나님의 영역인 '영'이 존재하고 있으므로 하나님
의 선한 영향력권 안에서 그 분의 통치를 받을 수도 있는 것입니다. 하나님의 선한 영향력은
영의 존재인 모든 사람들에게 미칠 수 있는 것입니다.

로 그러한 경우였습니다.

"바사의 고레스 왕 원년에 여호와께서 예레미야의 입으로 하신 말씀을 이루시려고 여호와께서 바사의 고레스 왕의 마음을 감동시키시매 그가 온 나라에 공포도 하고 조서도 내려 이르되 바사 왕 고레스가 이같이 말하노니 하늘의 신 여호와께서 세상 만국을 내게 주셨고 나에게 명령하여 유다 예루살렘에 성전을 건축하라 하셨나니 너희 중에 그의 백성된 자는 다 올라갈지어다 너희 하나님 여호와께서 함께 하시기를 원하노라 하였더라" (대하 36:22-25, 개정)

고레스 왕은 선지자도, 제사장도, 이스라엘 백성도 아니었습니다. 단지 이방 신을 섬겼던 이방 나라의 왕이었습니다. 그런데 하나님께서는 이스라엘 백성이 예루살렘에 성전을 건축할 수 있도록 길을 열어 주는 선한 도구로 고레스 왕을 사용하셨습니다. 비록 고레스 왕은 불신자였지만 하나님께서 고레스 왕의 마음을 움직이셔서(대하 36:22) 이스라엘 백성에게 선한 영향력을 미치도록 하셨던 것입니다.

하나님께서는 불신자였던 느부갓네살 왕의 마음도 감동시키셨습니다.

"느부갓네살 왕은 천하에 거주하는 모든 백성들과 나라들과 각 언

어를 말하는 자들에게 조서를 내리노라 원하노니 너희에게 큰 평강
이 있을지어다 지극히 높으신 하나님이 내게 행하신 이적과 놀라운
일을 내가 알게 하기를 즐겨 하노라 참으로 크도다 그의 이적이여,
참으로 능하도다 그의 놀라운 일이여, 그의 나라는 영원한 나라요
그의 통치는 대대에 이르리로다" (단 4:1-3, 개정)

느부갓네살 왕 역시도 불신자로서 이방 나라의 왕이었지만 하
나님의 선한 목적에 사용되었습니다. 물론 하나님의 선한 도구로
사용하기 위해 다니엘을 통해 꿈을 해석하는 이적을 사용하셨습니
다(단 2:25-46). 다니엘의 세 친구들을 통해 풀무불의 기적도 사용하
셨습니다(단 3:19-27). 하나님의 전능성 앞에 느부갓네살 왕이 무릎을
꿇도록 역사하셨습니다. 하나님의 선한 영향력권 안으로 그를 초
청한 것입니다. 그 결과 느부갓네살 왕은 하나님의 절대주권을 인
정하며 하나님을 찬양했습니다. 느부갓네살 왕은 비록 불신자였지
만 하나님의 선한 영향력권 안에서 그를 선한 도구로 사용하셨습
니다.

또한 하나님께서는 고난에 빠진 하나님의 백성들을 돕기 위해
불신자의 마음도 움직이셨습니다.

"여호와께서 요셉과 함께 하시고 그에게 인자를 더하사 간수장에게
은혜를 받게 하시매" (창 39:21, 개정)

보디발의 집에서 가정 총무로 촉망받던 요셉이 보디발의 아내의 유혹을 거절하는 바람에 누명을 쓰고 감옥에 갇혔습니다. 요셉은 감옥에 갇힐 하등의 잘못을 저지르지 않았지만 하나님 앞에서 죄를 짓지 않기 위해 세상과 타협하지 않았습니다. 이런 요셉을 어여삐 보신 하나님께서는 요셉을 감옥의 간수장의 마음에 들게 하셨습니다(창 39:21). 감옥의 간수장은 불신자였지만 하나님께서 그의 마음을 감동하게 하시므로 요셉에게 큰 은혜를 끼치도록 인도하셨습니다. 그 결과 요셉은 간수장의 신임을 얻어 감옥의 제반 사무와 죄수를 관리하는 일을 맡게 되었습니다. 불신자였던 감옥의 간수장도 하나님의 선한 영향력권 안에서 하나님의 마음을 받았던 것입니다.

"하나님이 다니엘로 하여금 환관장에게 은혜와 긍휼을 얻게 하신지라" (단 1:9, 개정)

다니엘의 경우도 마찬가지입니다. 다니엘은 바빌론의 포로로 끌려갔을 때 왕이 준 음식과 포도주로 자신을 더럽히지 않도록 도와달라고 환관장에게 부탁하였습니다. 그러자 하나님께서는 다니엘의 말을 좋게 여기도록 환관장의 마음을 움직이셨습니다(단 1:9). 하나님께서 다니엘의 아름다운 결단을 지킬 수 있도록 도와 주셨습니다. 이렇듯 불신자에게도 하나님의 뜻과 생각이 충분히 투영될 수 있습니다. 긍휼의 마음, 선을 행하고자 하는 마음, 이웃을 사랑하는 마음을 하나님께서 부어 주십니다.

만약 불신자라면 선한 생각들이 자신의 생각에서 비롯된 것이라고 말할지도 모릅니다. 불신자일 경우 신앙이 없으므로 자신이 하나님의 생각을 받을 수 있다는 것을 인정하지 않을지도 모릅니다. 그러나 하나님의 영이 이 온 우주 가운데 편재하시며 통치하시고 계시기 때문에[5] 불신자 역시도 하나님의 마음을 받을 수 있는 것입니다.

🐝 하나님의 선한 영향력 vs 사탄의 영향력

하나님께서는 신자뿐만 아니라 불신자에게도 선한 영향력을 끼치시는 전능하신 분이십니다. 그런데 전능하신 하나님께서 왜 자살하는 사람들을 막지 못하시는 것일까요?

하나님의 선한 영향력에 대해, 예수님께서 해와 비의 비유를 통해 쉽게 설명해 주셨습니다.

---

5) 편재하신 하나님 : "내가 주의 영을 떠나 어디로 갈 수 있겠습니까? 내가 주가 계신 곳을 떠나 어디로 도망갈 수 있겠습니까? 만일 내가 하늘 위로 올라간다 해도, 주는 거기 계십니다. 내가 깊은 곳에 눕는다 해도, 주는 거기 계십니다. 만일 내가 새벽의 날개 위에 오른다 해도, 내가 바다의 저 끝 쪽에 자리를 잡는다 해도, 주의 손이 거기서 나를 인도하실 것이요, 주의 오른손이 나를 굳게 잡으실 것입니다."(시 139:7-10, 쉬운)

"이같이 한즉 하늘에 계신 너희 아버지의 아들이 되리니 이는 하나
님이 그 해를 악인과 선인에게 비추시며 비를 의로운 자와 불의한
자에게 내려주심이라" (마 5:45, 개정)

예수님께서 말씀하신 대로, 하나님께서 창조하신 해가 신자에
게만 비춰지는 것이 아닙니다. 하나님을 불신하며 심지어 모독하
고 있는 사람에게도 동일한 은혜로서 비춰지고 있습니다. 하나님
께서는 악인, 선인, 의인, 죄인을 막론하고 햇빛과 비를 골고루 내
려주시며 일반적인 은총을 베풀어 주십니다. 하지만 만약 의도적
으로 해와 비를 피하기 위해 지하실로, 혹은 동굴로 숨어 버린다면
어떻게 될까요? 해와 비의 영향력은 제한되게 됩니다.

하나님의 선한 영향력도 이와 마찬가지입니다. 하나님은 상한
갈대조차 꺾지 않으시고 악인조차 죽는 것을 기뻐하지 않으시는 선
하신 분입니다.[6] 하나님의 사랑이 온 세상에 선한 영향력으로 미치
고 있습니다. 그러나 의도적으로 하나님이 아닌, 사탄에게 자신을
내어 주며 하나님의 영향력을 제한하는 행동을 한다면, 하나님의 선
한 영향력이 비춰질 수 없습니다. 마치 해를 피해 지하로, 동굴로 들
어가는 원리와 같은 것입니다. 해를 피해 어둠의 공간으로 숨어 들

---

6) "나는 악한 사람이 죽는 것을 즐거워하지 않는다. 나 주 여호와의 말이다. 나는 그가 그 악한
길에서 돌아서서 살기를 바란다."(겔 18:23, 쉬운)

어가게 될 때 하나님의 선한 영향력이 제한될 수 있다는 것입니다.

곰팡이는 습하고 차가운 어둠의 공간에서 쉽게 번식합니다. 환한 빛이 비춰지는 공간에서는 곰팡이가 절대로 기생할 수 없습니다. 만약 하나님의 선한 영향력을 벗어나 어둠의 장막아래 머물게 된다면, 곰팡이 균이 번식하도록 최적의 환경을 조성해 주는 것이나 매한가지입니다. 우리가 하나님을 피해 숨어 버린다면 곰팡이가 급속도로 번식해 가듯 사탄이 힘을 발휘하게 되는 것입니다. 빛을 피해 어둠의 영향력 아래로 들어가게 된다면 사탄의 공격은 가속화되기 시작합니다.

자살을 생각하며 시도하는 사람들은 현재 하나님의 영향력 아래에 머물고 있는 것이 아닙니다. 오히려 어둠의 영향력 아래 머물고 있는 것입니다. 하나님의 선한 영향력 아래에 머물고 있다면 하나님께서 주신 고귀한 생명을 절대로 끊을 수 없습니다(출 20:13). 하나님의 선한 영향력을 벗어나게 될 때 쉽게 자살의 충동에 사로잡히게 되는 이유는 그 공간을 어둠의 세력이 잠식해 나가기 때문입니다. 하나님을 떠난 그 순간부터 어둠의 권세가 주인행세하며 잠식해 나가기 때문입니다(삼상 16:14).[7]

---

7) "여호와의 영이 사울에게서 떠나고 여호와께서 부리시는 악령이 그를 번뇌하게 한지라"(삼상 16:14, 개정)

우리는 하나님의 사랑의 작품, 그 분의 자녀이기 때문에 하나님의 선한 영향력 안에 머물러 있을 때 비로소 안전해집니다. 하나님의 선한 영향력 아래 머무를 때야 비로소 삶의 소망과 기대, 감사의 마음이 생깁니다. 삶의 진정한 가치를 발견하게 됩니다.

하나님의 선한 영향력 가운데 선한 생각을 받아들이며 행동으로 옮기고 있는 사람들을 보십시오. 그들은 끊임없이 이웃을 구제하고 보살피며, 섬기고 있습니다. 그들의 입에서 나오는 말들은 주로 섬기는 말입니다. 겸손의 말이며 온유한 말입니다. 하나님의 선한 영향력 안에서 하나님의 선한 도구로서 세상의 빛과 소금의 역할을 감당하고 있는 것입니다. 하나님 사랑과 이웃 사랑을 실천해 가며 이 세상을 선한 땅으로 경작해 나가고 있는 것입니다.

이 세상이 점점 더 완고하고 완악한 세상이 되어갈지라도 하나님의 선한 영향력이 이 땅을 두루 비추고 있기 때문에 아직도 선한 것이 남아 있는 것입니다. 설령 불신자라 할지라도 하나님의 영향력 안에 머물러 있으므로 그들이 삶의 가치를 부여하며 살아가고 있는 것입니다. 하나님께서 온 땅에 해를 비춰주심으로 모든 사람들에게 공평하게 하나님의 일반적인 은총을 내려주시는 것처럼 말입니다.

반대로 사탄이 넣어주는 생각을 선택하며 행동으로 옮긴다면 그들의 삶은 하나님의 선한 영향력 안에 머무르는 사람들과 현저히 다른 양상으로 나타나게 됩니다. 사탄은 멸망시키며 죽이는 영이기 때문에 사탄의 통로를 통해 주입 받은 생각은 주로 절망적인 생각, 부정적인 생각, 불의한 생각, 불법적인 생각들입니다. 이러한 생각을 사탄에게 계속적으로 주입받게 된다면 점차적으로 사탄의 영향력은 커지게 됩니다.

무엇보다도 사탄으로부터 기인된 생각을 마음에 품고 행동으로 옮긴다면 그때부터 이러한 기질이 그의 인격과 성품으로 고착되기 시작한다는 것입니다. 완고하고 완악한 사람으로서 사탄의 본성을 지니게 되는 것입니다. 죄의 통로를 통해 사탄의 잠재적 본성이 우리 안에 서서히 쌓이게 되는 것입니다. 사탄은 이러한 사람들을 이용하여 악을 조성하며 더러운 산물들을 창조해 내는 도구로 언제든지 활용할 수 있습니다. 사탄의 도구로 사용하는 것입니다.

주변에 우리의 영혼육을 죽이며 삶을 황폐하게 만드는 악의 산물들이 셀 수도 없을 만큼 넘쳐나고 있습니다. 이러한 악의 산물들은 사탄의 생각을 받아 들여 행동으로 옮기는 사람들에 의해 제조되며 창조되는 것입니다. 그렇게 될 때 이 세상이 더욱 완악해져 하나님의 선한 영향력이 비춰지는 영역까지도 사탄의 영향력에 의해 잠식되어 나가는 것입니다. 사탄의 영향력이 이 세상을 점진적으로 잠식해 나가므로 그리스도의 몸인 교회까지도 사탄의 문화가 범람해 들어오는 것입니다.

사탄은 하나님과의 관계를 단절시켜 우리의 영혼을 지옥으로 끌고 가는 것이 주목적이기에 부정적인 생각, 고통을 당하고 있다는 생각, 사는 것이 지겹다는 생각, 죽고 싶다는 생각을 계속적으로 주입합니다. 주변의 하나님의 선한 영향력을 벗어난 사람들을 보십시오. 그들의 입에서 주로 나오는 말이 무엇입니까?

"죽지 못해 산다. 마지못해 산다. 내 삶은 지옥이다."

날마다 부정적인 말을 쏟아 부으며 블랙홀처럼 사탄의 영향력 안으로 빨려 들어가고 있습니다. 그러할 때 하나님께서 주신 고귀한 생명을 끊고 싶다는 극단의 생각까지도 품게 되는 것입니다. 자살의 충동, 자살의 결단, 자살의 실행은 바로 사탄의 영향력 아래 머무를 때 일어나는 현상입니다.

🐝 가룟 유다의 자살 속에 숨겨진 영적 원리

하나님께서는 물가에 내놓은 어린아이처럼 조바심으로 우리를 바라보고 계십니다. 낭떠러지 끝에 매달려 있는 아이를 붙잡고 있는 것처럼 하나님께서 우리를 붙들고 계십니다. 하지만 사탄의 세력은 아득히 깊은 심연의 물속으로 우리를 끌어당기고 있습니다. 낭떠러지 끝에 힘겹게 매달려 있는 아이의 손을 짓밟아 떨어뜨리려 하고 있습니다. 이것이 바로 영적인 전쟁입니다. 지금도 보이지 않는 영역에서 복음을 사이에 두고, 구원을 사이에 두고 치열한 영적전쟁이 일어나고 있습니다.

지금부터 하나님의 선한 영향력을 떠나 사탄의 영향력 안에 머무르게 될 때 어떠한 결과가 초래되는지, 성경의 인물들을 통해 살펴보겠습니다.

> "모인 무리의 수가 약 백이십 명이나 되더라 그 때에 베드로가 그 형제들 가운데 일어서서 이르되 형제들아 성령이 다윗의 입을 통하여 예수 잡는 자들의 길잡이가 된 유다를 가리켜 미리 말씀하신 성경이 응하였으니 마땅하도다 이 사람은 본래 우리 수 가운데 참여하여 이 직무의 한 부분을 맡았던 자라 이 사람이 불의의 삯으로 밭을 사고 후에 몸이 곤두박질하여 배가 터져 창자가 다 흘러 나온지라" (행 1:15-18, 개정)

가룟 유다는 예수님의 12제자 중 하나였습니다(마 10:1-4). 예수님께서 한 사람, 한 사람, 제자들을 부르실 때 어떻게 부르셨나요? "모든 것을 버리고 나를 따라오라"하시며 제자로 부르셨습니다(마 4:19). 예수님께서 "나를 따르라" 하셨을 때 가룟 유다도 모든 것을 버릴 만큼 믿음이 있었습니다.

그랬던 가룟 유다가 어느 순간부터 공금에 손을 대기 시작했습니다(요 12:6). 가룟 유다 마음 안에 탐심이 들어간 것입니다. 사탄이

물질에 대한 욕망을 넣어 주었을 때 그는 자신의 자유의지로 받아들였습니다. 하나님의 선한 영향력권 안에서 움직였던 자였으나 사탄이 탐심을 넣어주며 유혹했을 때 결국 하나님의 선한 영향력을 떠나고 말았습니다.

여기서 하나님의 선한 영향력에 관련하여 주목해야 할 영적인 원리가 있습니다.

가룟 유다가 처음부터 도둑이었습니까? 배신자였습니까? 그렇지 않습니다. 하나님의 선한 영향력 안에 머물렀을 때 가룟 유다는 예수님의 제자였으며(눅 6:13-16), 사도 중의 하나였습니다. 심지어 권능까지 행했던 사람(마 10:1)이었습니다.

하지만 가룟 유다는 어둠의 영향력권 안으로 발걸음을 옮겼습니다. 그의 마음에 어둠을 심었습니다. 탐심을 심고, 공금을 도둑질하기 시작했습니다. 이를 귀신같이 알고 악한 영은 가룟 유다를 공격하기 시작했습니다. 그의 마음 가운데 예수님을 팔도록 생각을 집어넣은 것입니다. 가룟 유다는 악한 영의 생각들을 받아 들였고 더 깊은 어둠의 영역으로 빨려 들어갔습니다. 그 결과 예수님을 파는 사탄의 도구로 전락되고 말았습니다. 이 일로 인해 가룟 유다는 극심한 자책감과 죄책감에 시달리다가 종국에는 자살을 선택했습니다.

그렇다면 하나님께서는 가룟 유다가 자살하도록 방치하셨을까요? 전혀 돕지 않으셨던 것일까요?

> "그 때에 예수를 판 유다가 그의 정죄됨을 보고 스스로 뉘우쳐 그
> 은 삼십을 대제사장들과 장로들에게 도로 갖다 주며 이르되 내가
> 무죄한 피를 팔고 죄를 범하였도다 하니 그들이 이르되 그것이 우
> 리에게 무슨 상관이냐 네가 당하라 하거늘" (마 27:3-4, 개정)

예수님을 배반한 가룟 유다는 양심에 가책을 느꼈습니다. 그래서 은 30냥을 대제사장과 장로들에게 다시 되돌려 주었습니다. 가룟 유다는 "내가 죄 없는 피를 팔아넘기는 죄를 지었노라"고 고백하며 자신의 잘못을 인정했습니다. 그러나 만약 이때 가룟 유다가 '회개'했더라면 아마도 자살로 생을 비참하게 마감하지는 않았을 것입니다. 비록 예수님을 파는 사탄의 도구로 사용되었지만 하나님의 은혜로 가룟 유다는 다시 하나님의 선한 영향력권 안에 들어왔었습니다. 분명 하나님께서는 가룟 유다에게 하나님의 영향력을 비춰주시며 회개할 기회를 주셨습니다. 그랬기 때문에 가룟 유다는 자신의 행동에 대해 죄책감을 느꼈던 것입니다. 하나님께서는 여전히 가룟 유다를 붙잡으시며 회개하며 돌이키기를 원하셨던 것입니다.

그러나 그는 회개하며 하나님께 돌이키지 않고 마귀가 주는 정죄함을 받아들였습니다. 다시 사탄의 영향력 안으로 걸어 들어간

것입니다. 그 결과 그는 사탄이 넣어주는 정죄감을 극복하지 못한 채 비극적인 자살로 자신의 생을 마감하고 말았습니다.

베드로 사도 역시 이러한 상황에 봉착할 뻔 했습니다.

겟세마네 동산에서 예수님께서 군병들에게 잡히시던 밤, 두려움에 휩싸인 베드로는 대제사장의 공관 뜰에서 예수님을 모른다고 3번씩이나 부인하며 예수님을 외면했습니다. 심지어 '나는 저 사람을 모른다'고 저주를 하며 맹세까지 했습니다. [8]

베드로가 누구입니까? 주는 그리스도시요, 살아계신 하나님의 아들이라고 신앙고백을 한 예수님의 수제자였습니다 (마 16:16). 그런 베드로조차도 사탄이 밀 까부르듯이 그를 공격할 때 (눅 22:31) 예수님을 저주했습니다.

그 순간 베드로는 하나님의 선한 영향력을 떠나 어둠의 영역을 넘나들었습니다. 가룟 유다와 비슷한 상황에 처한 것입니다. 하지

---

8) "베드로가 대제사장 공관 마당의 바깥쪽에 앉아 있었습니다. 그 때, 어떤 여자 하인이 와서 말했습니다. "당신도 갈릴리 사람, 예수와 함께 있었지요?" 그러자 베드로는 "당신이 무슨 말을 하는지 모르겠소"라며 모든 사람들 앞에서 그렇지 않다고 말했습니다. 베드로가 대문 있는 데로 나가자, 다른 여자 하인이 거기 있던 사람들에게 말했습니다. "이 사람은 나사렛 예수와 함께 있던 사람이에요." 또다시, 베드로는 "나는 그 사람을 모릅니다"라고 맹세를 하며 그렇지 않다고 말했습니다. 잠시 후, 서 있던 어떤 사람들이 베드로에게 가서 말했습니다. "분명히 너는 그들과 한 패다. 네 말씨를 보니 틀림없다." 그러자 베드로는 저주를 하며 맹세했습니다. "나는 저 사람을 모릅니다." 그러자 바로 닭이 울었습니다."(마 26:69-74, 쉬운)

만 베드로는 가룟 유다와 같이 자살하지 않았습니다. 베드로는 자신의 잘못을 알고 통곡하며 회개했기 때문입니다(마 26:75). 베드로는 어둠의 영향력으로 걸어 들어갔지만, 예수님을 바라보며 다시 하나님의 선한 영향력 아래 섰기 때문입니다(요 21:7-13).

반면 가룟 유다는 회개가 아닌 후회와 자책을 했습니다. 분명 하나님께서 가룟 유다에게도 돌이킬 기회를 주셨지만, 어둠의 영향력을 흡수하면서 결국 자살로 자신의 인생에 종지부를 찍었습니다.

🐝 사울의 자살 속에 숨겨진 영적 원리

구약 성경에 나오는 사울 왕을 통해서도 선한 영향력의 원리를 발견할 수 있습니다.

사울은 하나님의 기름부음을 받고 성령이 충만했던 왕이었습니다(삼상 10:1; 10:13) 사울은 왕으로 즉위한 후 한동안 하나님의 말씀에 순종하는 삶을 살았습니다. 하나님의 선한 영향력 아래 거하며 하나님의 통치를 받았습니다. 그런데 교만과 불순종, 질투의 마음이 사울을 사로잡기 시작했습니다. 사울이 어둠의 것들을 선택한 것입니다. 그러자 어떤 일이 일어났습니까?

"그 이튿날 하나님께서 부리시는 악령이 사울에게 힘 있게 내리매
그가 집 안에서 정신없이 떠들어대므로 다윗이 평일과 같이 손으로
수금을 타는데 그 때에 사울의 손에 창이 있는지라 그가 스스로 이
르기를 내가 다윗을 벽에 박으리라 하고 사울이 그 창을 던졌으나
다윗이 그의 앞에서 두 번 피하였더라" (삼상 18:10-11, 개정)

결국 사울은 악령에 사로잡히면서 하나님의 합한 자, 다윗을 향
한 시기질투를 시발점으로 하여 사탄의 영향력이 표출되기 시작합
니다.[9]

다윗은 골리앗을 물맷돌 한방에 쓰러뜨리고, 블레셋과의 전투
에서도 멋지게 승리했습니다. 그러자 여인들이 '사울의 죽인 자는
천천이요 다윗은 만만이로다' 하며 노래를 지어 불렀습니다. 이
노래를 들은 사울은 다윗을 경계하며 주목하기 시작했습니다. 다
윗을 보며 시기질투의 마음을 가진 사울에게 악한 영의 공격이 가
속화되었습니다. 자신보다 영광과 칭송을 더 받고 있는 다윗을 보
자 분노의 마음이 이글이글 타오르기 시작한 것입니다. 그 결과

---

9) 악한 영들에게 지배당했을 때 나타나는 두드러진 현상은 하나님을 대적하는 자리에 서게 되
는 것입니다. 사탄은 하나님을 대적하는 악한 영입니다. 그렇기 때문에 악한 영들에게 사로잡
히게 될 때 하나님의 사람을 판단하고 정죄하며 하나님의 사역들을 방해하는 대적자로 서게
되는 것입니다. 그들의 주인이 사탄이므로 하나님의 선한 영향력 아래에 머무르는 사람들을
핍박하는 도구로 사용됩니다. 그런 이유로 사울은 악령에 사로잡힌 후 시종일관 하나님의 합
한 자인 다윗을 핍박하는 사탄의 도구로 사용되었습니다.

사울은 '다윗을 벽에 박아 죽여야지' 하는 생각을 품게 되었습니다. 살인의 마음을 품은 것입니다. 그래서 수금을 타고 있는 다윗을 향해 사울은 창을 던졌습니다. 한 번도 아니고 두 번이나 말입니다.

다윗을 향한 시기질투의 마음을 품게 됨으로 사울은 악한 영들의 공격을 허용하게 되었습니다. 악한 영들의 자극으로 사울의 분노는 폭력으로 바뀌게 됩니다. 다윗에게 창을 던지는 행위는 폭력이자 살인에 해당됩니다. 이미 사울의 마음 가운데 다윗을 죽이고자 하는 살인의 마음이 일어난 것입니다. 다윗을 죽이고자 하는 살인의 마음은 종국에 가서는 자기 자신을 죽이는 자살로 나타났습니다.[10]

그렇다면 하나님께서는 사울에게 도움의 손길을 보내시지 않고 자살까지 이르도록 방치 하셨던 것일까요? 그렇지 않습니다. 하나님께서는 사울을 되돌리기 위해 사무엘 선지자를 보내 여러 번 책망하셨습니다. 하나님의 선한 영향력권 안으로 다시 들어올 수 있도록 기회를 주셨던 것입니다. 하지만 사울은 여전히 사탄의 영향력 아래 머물렀습니다. 그 결과 악한 영들이 사울을 잠식하며 지배

---

10) 일반적인 자살의 영의 침투 경로
  사울의 예 : 다윗을 향한 시기질투의 영→분노의 영→폭력의 영→죽음의 영(살인 혹은 자살의 영)

하게 되었고 종국에는 자살로 이어졌습니다.[11]

만약 가룟 유다와 사울이 하나님의 선한 영향력 안에 계속 머물렀다면 자살이라는 비극적인 사건은 일어나지 않았을지도 모릅니다. 분명한 것은 가룟 유다와 사울의 자살 뒤에는 악한 영들(자살의 영)이 도사리고 있었다는 것입니다. 악한 영들은 그들이 하나님의 선한 영향력을 떠나도록 환경을 주도해 나갔습니다. 절망적인 상황에 이르렀을 때 자살하도록 충동질을 한 것입니다.

그러나 자살의 영은 영의 존재이므로 실제 우리의 육신을 직접적으로 죽일 권세는 없습니다.[12] [13] 욥의 경우처럼 환경적, 개인적

---

11) "그가 무기를 든 자에게 이르되 네 칼을 빼어 그것으로 나를 찌르라 할례 받지 않은 자들이 와서 나를 찌르고 모욕할까 두려워하노라 하나 무기를 든 자가 심히 두려워하여 감히 행하지 아니하는지라 이에 사울이 자기의 칼을 뽑아서 그 위에 엎드러지매"(삼상 31:4, 개정)

12) 자살의 영(혹은 죽음의 영)은 인간의 육신을 직접적으로 죽일 권세는 없습니다. 단지 주변의 환경과 상황을 조성하여 자살을 선택하거나, 살인하도록 부추기는 것입니다. 자살의 영은 영의 존재이며, 사람은 영혼육을 지닌 존재입니다. 사람도 본질상 영의 존재이기는 하나, 영혼과 육체가 분리되는 사망에 이르기 전까지는 육의 존재로서 이 땅을 살아갑니다. 영의 세계에도 엄연한 질서와 체계가 있습니다. 영의 존재, 즉 천사나 악한 영들은 육을 지닌 인간을 직접적으로 살리거나 죽이는 권한은 없습니다. 천사가 일을 할 때도 환경을 통해, 혹은 사람을 통해 하나님의 음성을 전달하거나 돕는 것입니다. 악한 영도 마찬가지로 주변 환경을 잠식하며 장악해 가면서 자신의 영향력을 넓혀 가는 것입니다. 특별히 악한 영의 경우 사람 속에 들어갈 수 있으므로 귀신에게 사로잡힌 사람들이 사탄의 직접적인 도구가 됩니다. (반면 천사의 경우 사람 속에 들어갈 수 없습니다. 그 이유는 성령님께서 직접 우리 안에 성전을 두시고 내주하시기 때문입니다(고전 3:16). 천사는 단지 섬기는 영으로서, 구원받을 사람들을 돕기 위해 하나님께서 보내신 것입니다.) 만약 죽음의 영에 사로잡히게 된다면 자살, 혹은 살인의 두 가지 형태로 나타나게 되는데, 자살이든 타살이든 악한 영이 직접적으로 죽이는 것이 아니라 사람에 의해 생명이 끊어지는 것입니다.

문제를 촉발시키며, 인생의 막다른 코너에 몰린 이들에게 자살의 생각과 충동을 주입했다는 것이 더 정확한 표현입니다. 막다른 환경에 매몰된 채, 자살이라는 극단적인 방법을 본인 스스로가 선택한 것입니다.

자살은 하나님의 선한 영향력 아래 있을 때에는 결단코 일어나지 않습니다. 하나님께서 친히 그 사람을 도와주시며 보호하시기 때문입니다. 하나님의 선한 영향력을 벗어나 어둠의 영향력 안에 머무르기 시작할 때부터 자살의 생각, 충동들이 일어나게 되는 것입니다.

이제부터는 구체적으로 자살의 영이 어떻게 공격하는지 그 경로에 대해, 우리 가족의 자살을 통해 면밀히 살펴볼 것입니다. 자살의 영이 침투하는 근원적 발원을 인식하게 된다면 자살의 생각과 충동에서 벗어날 수 있게 될 것입니다.

---

13) 둘째 오빠가 자살하는 상황을 주님께서 환상으로 보여 주셨을 때 '마귀가 오빠에게 달려들어 목을 조르고 있는 모습'을 보았습니다. 이것은 영의 세계에서 일어나는 일을 영안으로 본 것입니다. 실제로 둘째 오빠는 악한 마귀에게 목을 졸리어 죽은 것은 아닙니다. 마귀가 오빠의 목을 조르기 이전에 이미 둘째 오빠는 자살을 실행한 상태였습니다. 이미 운동화 끈에 목이 조여 숨이 넘어가고 있었던 상황이었습니다. 죽기 직전 둘째 오빠의 영안이 열려 악한 마귀가 자신의 목을 조르고 있었던 영의 상태를 본 것입니다. 악한 영은 사람을 죽일 권세가 없습니다. 둘째 오빠의 생명은 마귀가 아니라 둘째 오빠 스스로가 끊은 것입니다. 주님께서 악한 영들에 의해 자살까지 치닫게 되었음을 영안을 열어 보여 주신 것입니다. 둘째 오빠의 경우 하나님의 선한 영향력을 벗어나 사탄의 영향력권 안에 잠식되어 있었기 때문에 자살까지 이르게 된 것입니다.

'지피지기(知彼知己)면 백전불태(百戰不殆)'...

적을 알고 나를 알면 백 번을 싸워도 절대로 위태롭지 않습니다. 적을 알아야 합니다. 적을 알고, 나를 알면 예수님의 이름으로 우리는 반드시 '백전백승(百戰百勝)' 할 수 있습니다.

Chapter 3
이들은 어떻게
자살까지 이르게 되었나?

Chapter 3
이들은 어떻게 자살까지 이르게 되었나?

인간은 반드시 한번은 죽기 때문에 누구든지 죽음에 대한 공포가 있습니다. 만약 신자라면 죽음의 공포를 믿음 안에서 선하게 이겨 나갈 수 있습니다. 자신의 죽음을 아름답게 준비하는 것입니다. 그러나 보통의 경우 죽음에 대한 공포를 갖게 됩니다. 그런 이유로 죽음의 영은 특별한 죄를 짓지 않더라도 쉽게 우리에게 접근해 올 수 있습니다. 이미 우리 안에 죽음의 공포가 내재되어 있기 때문입니다.

특별히 죽음의 영, 그중 자살의 영은 처음부터 강력하게 역사하지 않습니다. 거부할 필요조차도 없을 것 같은 아주 작은 영역에서

부터 그들의 활동을 시작합니다. 처음부터 죽음의 음성을 가지고 '죽어라, 죽어라'를 외쳐대지 않는다는 말입니다. 자살의 영은 아주 미미한 영역에서 똬리를 틀고 지켜보고 있습니다. 그 사람 속에서 완전한 정착이 이루어질 때까지 강력한 활동을 하지 않습니다. 조금씩, 조금씩 아주 작은 영역에서부터 자살의 영의 영역을 넓혀 나갑니다.

그러다가 기회가 포착되면, 혼적인 영역에서 강력한 충격을 가합니다. 예를 들어 실연, 이혼, 실직, 건강, 재정의 문제에 직면했을 때 자살의 영은 더 강력하게 충격을 가합니다. 그러면서 부정적인 생각을 주입시킵니다.

'아! 사는 게 왜 이렇게 힘들까? 너무 지치고 고달프다.'

'죽으면 어떨까? 죽으면 편할까?'

'죽고 싶다.'

이런 방법으로 자살의 영은 시시때때로 자살의 생각을 주입시키며 서서히 잠식해 나가게 됩니다. 많은 사람들이 자살에 대한 생각이 떠오를 때 자신의 생각이라고 생각합니다. 그러나 그렇지 않습니다. 자살과 관련된 대부분의 생각은 자살의 영으로부터 주입받은 사탄의 생각입니다.

만약 자살의 생각을 계속적으로 주입받게 된다면 자신도 모르는 사이에 자살에 대한 의지를 불태우게 됩니다. 때로는 자살 사이트를 기웃거리며 자살의 방법들에 대한 지식을 습득하기도

합니다. 자살의 영이 자살로 이끌기 위해 한 단계 높은 차원의 생각을 주입하는 것입니다. 만약 이러한 단계에서 계속 자살의 생각을 주입받게 된다면 종국에는 자살을 결단, 실행하게 됩니다.

'죽으면 어떨까? 죽으면 정말 편하겠다, 죽고 싶다.'

이러한 자살의 생각을 차단하지 않은 채 생각을 계속 받아들인다면 그 음성은 점진적으로 이렇게 변하게 됩니다.

'죽어! 죽어! 죽으면 다 끝나! 어차피 다들 죽는데 네가 자살해서 먼저 죽는다 한들 그게 무슨 대수야!'

만약 현재 자살의 영으로부터 이 음성을 주입받고 있다면 많은 영역에서 자살의 영에게 조종을 받고 있는 단계입니다. 이미 자살의 영에게 강하게 묶여 있는 상태입니다. 자살의 생각과 충동이 시도 때도 없이 일어나 일상생활이 불가능할 정도에 이르게 됩니다. 이러한 상황이 지속된다면 결국 자살을 실행하고 맙니다. 왜냐하면 자살의 영에게 완전히 묶여 있게 된다면 자살의 생각을 계속적으로 주입받기 때문입니다. 자살의 영은 매 시각마다 자살의 생각을 주입하며 충동질합니다. 온통 머릿속에 자살의 생각만 맴돌게 됩니다. 결국 자살을 시도하게 만드는 것입니다.

자살의 영은 지금 우리에게 도전장을 내밀고 총공격을 퍼붓고 있습니다.[14] 자살의 영이 주는 생각과 충동을 분별하며 차단하지 않는다면 어느 순간 자신도 모르는 사이에 자살의 영에게 묶이게 될지도 모릅니다.

절대로 보이는 세계만 보지 마십시오! 보이는 세계는 보이지 않는 세계에서 일어나는 영의 흐름에서 발생되는 현상의 결과입니다.

하나님께서 주신 고귀한 생명을 헌신짝 버리듯 버리게 하는 악한 영의 존재가 있다는 것을 기억하십시오. 우리의 생명이 악한 영들에 의해 철저히 농락당하고 있다는 것을 명심하십시오.

우리 아버지가 악한 영들에게 이끌려 처참하게 죽어갔습니다. 사랑하는 오빠들도 죽었습니다. 사촌 여동생마저도 그렇게 죽어갔습니다. 나 역시도 그 음성을 듣고 자살을 시도했습니다.

이제는 밝혀야 합니다. 자살 이면에 어둠의 세력들이 숨어 있음을 과감히 밝혀내야 합니다. 더 이상 고귀한 생명이 유린당하지 않도록 내 가족, 내 이웃을 어둠의 구렁텅이에서 끌어내야 합니다.

---

14) "근신하라 깨어라 너희 대적 마귀가 우는 사자 같이 두루 다니며 삼킬 자를 찾나니"(벧전 5:8, 개정)

사랑의 부재

우리 아버지는 온전한 사랑을 받지 못한 채 세상에서 버려졌습니다. 부모로부터, 혈육으로부터, 이웃으로부터 철저히 외면당한 채 사랑 안에서 양육되지 못했습니다. 아마도 아버지는 생모와 가족들에게 버림을 받았기에 다른 누군가에게 또 다시 버림을 받게 될까봐 전전긍긍하며 두려움에 떨었을 것입니다.

사랑의 결핍과 상처는 결국 분노를 낳게 되었습니다. 아버지는 점점 더 분노의 기질들을 드러내면서 주변 사람들에게 눈총도 받았을 것입니다.

설령 아버지가 분노의 화신이라 할지라도, 태어날 때부터 분노의 사람으로 태어나지는 않았을 것입니다. 분명 사랑스럽고 귀여운 아기로 태어났을 것입니다. 부모에게, 이웃에게 사랑받고 보호받아야 할 연약한 아기였을 것입니다. 아버지에게도 한 발짝 한 발짝 조심스럽게 발을 내딛고 혼자 서는 시기도 있었을 것입니다. 그러나 성장하는 아기의 모습을 사랑의 눈길로 바라보며 그 기쁨을 함께 나눌 가족이 아버지에게는 없었습니다. 처절한 고독 속에서 홀로 외로이 거리를 배회하며 방황했을 것입니다.

아버지의 이러한 환경은 아버지의 마음에 분노가 자리 잡도록 하는 원인을 제공했습니다.

핏덩어리 자식을 매몰차게 외면해 버린 생모에 대한 그리움은 결국 미움과 분노로 이어졌습니다. 사춘기 시절을 겪으면서 점점 더 분노의 사람으로 변해 갔습니다. 그 결과 아버지는 분노의 영을 강하게 끌어 들였고 지배를 받게 되었습니다.[15]

분노의 영의 지배를 받게 되자 순식간에 폭력으로 이어졌습니다. 분노의 영은 폭력의 영과 사촌지간입니다. 분노가 일어날 때 스스로가 절제할 수 없는 단계라면 폭력의 영이 들어올 수 있는 통로가 열리게 됩니다. 만약 이때 폭력으로 이어진다면 폭력의 영에게 지배를 받을 수도 있습니다.

"분을 내어도 죄를 짓지 말며 해가 지도록 분을 품지 말고" (엡 4:26, 개정)

'화가 나더라도 죄를 짓지 말고 해가 지기 전에는 반드시 풀어

---

15) 아버지의 경우 생모에게 버려지고, 생부에게 학대당하는 환경 속에서 서서히 분노의 영을 초청하게 되었습니다. 분노의 영으로부터 지배받게 된 가장 큰 요인은 환경적인 문제였습니다. 그렇다면 아버지는 과연 아무런 잘못이 없었던 것일까요? 오로지 악한 영과 환경 탓으로만 돌려야 할까요? 절대 그렇지 않습니다. 아무리 분노의 영의 지배를 받게 된 합당한 명분이 있다할지라도 그 환경 속에서 분노의 마음을 품었기 때문에 분노의 영이 들어올 수 있었던 것입니다. 악한 영들의 지배를 받게 된 것은 바로 아버지의 선택이었습니다. 분노를 표출한 그 행동에서 비롯된 것입니다. 무조건 악한 영에게 책임을 전가해서는 안 됩니다. 악한 영들에게 '죄'라는 빌미를 제공한 아버지의 책임이 더 큰 것입니다.

야 된다'고 성경은 분명히 밝히고 있습니다. 누구를 막론하고 상황에 따라 분을 낼 수 있다는 것입니다. 화가 날 수도 있다는 것입니다. 하지만 분을 내어도 죄를 짓지는 말라고 했습니다.

우리 아버지의 경우처럼 분노가 일어날 때 그 분노가 폭력으로 이어진다면 이미 죄를 지은 것입니다. 그 죄의 통로를 통해 분노의 영이 더 강하게 역사할 수 있습니다.[16] 분노가 날 때 주기적으로 폭력으로 해소하고 있다면 폭력의 영의 지배를 받게 됩니다.

우리 아버지는 이러한 영적인 흐름 속에서 악한 영들에게 잠식되어 나갔습니다. 생모에 대한 그리움이 원망으로, 원망이 미움으로, 미움이 분노로 이어졌습니다. 그 분노가 폭력으로 이어졌고, 결국 강력한 죽음의 영[17]을 불러들인 것입니다. 만약 우리 아버지가 사랑을 충분히 받았고, 사랑을 실천하는 삶을 살았다면 아마도 자살까지는 이어지지는 않았을 것입니다.

무엇보다도 아버지의 주변에는 하나님의 선한 영향력을 가진 사람들이 거의 없었습니다. 이웃 사랑을 실천할 사람들이 없었습니

---

16) 악한 영들은 죄를 짓는 만큼만 우리에게 역사할 수 있습니다. 죄를 지을 때 그 죄성의 통로를 통해 악한 영들을 초청하는 것입니다. 악한 영들은 죄의 분량만큼만 족쇄를 채우고 억압해 나가며 잠식의 단계를 밟아 나갈 수 있습니다.

17) '죽음의 영'에게 강력하게 사로잡힌다면 살인과 자살의 두 가지 형태로 나타날 수 있습니다. 우리 아버지처럼 분노나 폭력의 성향이 강한 사람이라면 살인의 형태로 나타나게 됩니다. 반면 둘째 오빠의 경우처럼 우울함의 영이나 자괴감의 영에게 사로잡혀 있다면 죽음의 영은 자살로 몰고 갑니다. 아버지의 경우 죽음의 영에게 사로잡혔을 때 살인과 자살의 범주를 넘나들다가 결국 자신의 생명을 죽이는 자살로 생을 마감했습니다.

다. 아버지는 살아생전 사랑한다는 말을 그 누구에게도 표현하지 않았습니다. 어머니에게도, 심지어 자녀들에게조차도 사랑한다는 말과 표현을 하신 적이 한 번도 없었습니다. 그런 아버지가 두려워 어머니도, 자식들마저도 아버지에게 사랑을 표현하지 못했습니다.

받은 만큼 되돌려 줄 수 있는 것이 사랑의 속성입니다. 불행하게도 아버지는 사랑받지 못했기에 사랑을 실천하지 못했습니다. 사랑받지 못했기에 어떻게 사랑해야 되는지도 전혀 몰랐습니다. 사랑을 받지도, 실천하지도 못한 채 분노만이 아버지를 가득 채우게 되었습니다.

우리 아버지는 사랑의 생기(tank)[18]를 잃어버려 자살까지 이르게 된 경우입니다. 우리 아버지의 경우처럼 사랑의 생기를 잃어버린

---

18) 사랑의 생기(tank) : 예수님께서는 "네 마음을 다하고 목숨을 다하고 뜻을 다하여 주 너의 하나님을 사랑하라" 말씀하셨습니다. 더불어 "네 이웃을 네 자신 같이 사랑하라"고도 하셨습니다. "하나님과 이웃 사랑을 실천하라"하신 것입니다. 그래서 하나님은 사람을 창조하실 때, 사랑을 실천할 수 있도록 사람을 사랑의 생기로 가득 채우셨습니다. 그리하여 에덴동산에는 사람뿐만 아니라 모든 하나님의 피조물들이 사랑의 생기로 가득 찼습니다. 식물이나 동물들조차 독을 내뿜거나 해하는 일이 전혀 없었습니다. 경쟁이나 다툼이 아니라, 서로 화합하며 조화롭게 살도록 세상을 창조하신 것입니다. 그러나 하나님을 향한 불순종과 죄로 인한 타락이 우리 안에 내재된 사랑의 생기를 잃어버리게 만들었습니다. 사랑의 생기 안에 죄가 침입하게 되었습니다. 그 결과 사랑의 생기가 소멸된 채 분쟁, 다툼, 폭력, 비난, 살인들이 일어나게 되었습니다. 사랑의 생기(tank)는 사랑으로만 채워질 수 있습니다. 우리가 누군가에게 사랑을 충분히 받는다면, 그 사랑이 흘러 넘쳐 이웃에게도 사랑을 나누어 줄 수 있게 됩니다. 우리 아버지의 사랑의 생기에는 부모로부터, 이웃으로부터 받아야 할 사랑이 채워지지 않았습니다. 그 빈 공간이 분노와 폭력으로 채워진 것입니다. 만약 우리가 사랑의 생기를 잃어버린다면, 악한 영은 더욱 교묘하고 치밀하게 공격해 온다는 것을 기억해야 합니다.

다면, 자신의 존재 가치를 상실하여 자살까지도 이를 수 있습니다. 사랑의 생기가 소멸될 때 생명의 대적인 사망이 그 공간에 찾아 들어오게 되는 법입니다. 어둠의 권세가 사랑의 생기가 없는 그 공간으로 들어와 죽음으로 이끌어 가는 통로가 열리게 되는 것입니다.

반대로 사랑의 생기로 충만하다면 생명의 존엄성을 인식하게 되므로 사망 권세를 대적할 수 있는 능력이 생기게 됩니다. 그렇기 때문에 하나님의 선한 영향력 안에 머물면서 사랑을 실천하고 있는 사람들에게 자살의 영은 쉽게 공격할 수 없게 됩니다. 하나님의 사랑의 생기가 능력이 되어 어둠의 세력을 물리치기 때문입니다.

🐝 둘째 오빠의 자살의 경로

성격과 기질, 그리고 거짓 종교

둘째 오빠는 어릴 적부터 우울의 기질을 가지고 있었습니다. 다른 사람들과 어울리기보다 혼자서 사색하며 책을 읽는 것을 더 좋아했습니다. 게다가 가정의 불화는 우울의 기질이 더 깊게 뿌리를 내리는데 촉매제 역할을 했습니다.

그런데 오빠는 자살하기 불과 얼마 전에 종교를 가졌습니다. 현실의 괴로움을 종교를 통해 극복해 보고자 친구 따라 종교 모임에

갔던 것입니다. 그 종교가 바로 '남묘호랑개교'였습니다. 둘째 오빠는 '남묘호랑개교'에 빠지면서 집에서 이상한 주문을 수시로 외우곤 했습니다. '남묘호랑개교'는 오빠의 우울증을 더 깊은 수렁으로 밀어 넣었습니다. 억압적이고 통제적인 일반 거짓 종교의 성향이 오빠의 우울증 증세를 더 가중시켰던 것입니다. 오빠의 성품적, 기질적 우울함이 본격적인 우울증의 증세들로 진전되기 시작했습니다.

둘째 오빠의 경우, 자살하기 직전까지 하나님을 향한 영의 갈망[19]을 거짓 종교(남묘호랑개교)의 가르침을 배우며 채워 나갔습니다. 거짓 종교를 받아들이자 둘째 오빠를 통제하기 위해 악한 영들[20]은 순차적으로 잠식의 단계들을 밟아 나가기 시작했습니다(눅 22:3).

거짓 종교에 빠지면서 둘째 오빠는 우울의 영에게 더욱 강하게

---

19) 영의 갈망 : 하나님은 영이십니다. 육을 덧입은 사람도 그 본질은 영이므로 하나님을 향한 갈망이 있습니다. 창조주 하나님에 대한 영의 갈망인 것입니다. 목마른 사슴이 시냇물을 찾아 헤매듯이 우리의 영은 하나님을 애타게 찾습니다. 그래서 불신자든 신자든 상관없이 하나님을 향한 영의 갈망이 누구에게나 다 있는 것입니다.

20) 무엇보다도 이단과 거짓 종교 속에 역사하고 있는 영들은 미혹의 영을 정점으로 하여 억압의 영, 통제의 영, 조정의 영입니다. 주변을 한 번 둘러보십시오. 이단과 거짓 종교에 빠진 사람들이 하나님의 풍성한 은혜를 누리고 있습니까? 절대 그렇지 않습니다. 억압되어 있습니다. 통제되고 있습니다. 조정을 당하고 있습니다. 이단 속에 역사하는 미혹의 영에게 사로잡힐 때 그 통로를 통해 억압의 영과 조정의 영, 통제의 영이 우리 안에 무차별적으로 들어오게 됩니다. 그렇게 열려진 통로를 통해 들어온 악한 영들은 점차적으로 그 사람을 세상과 단절시켜 나갑니다. 뿐만 아니라 그 사람 속에서 하나님의 영역들을 점진적으로 차단해 나갑니다. 종국에는 하나님을 대적하며 훼방하는 사탄의 도구로서 준비하며 사용하는 것입니다. 거짓 종교, 이단, 사이비의 본 뿌리는 하나입니다. 바로 사탄입니다. 사탄은 이러한 종교 가운데 역사하는 미혹의 영에 의해 통로를 확보한 후 그 경로를 통해 악한 귀신들을 주입합니다. 이단과 거짓 종교의 가르침들을 무분별하게 받아들인다면 자신도 모르는 사이에 악한 영들이 주입될 수 있는 큰 구멍이 뚫리게 됩니다.

사로잡히게 되었습니다. 옴짝달싹 못한 채 우울의 영에게 완전히 묶이게 된 것입니다. 세상을 원망하며 우울과 괴로운 생각들을 계속적으로 주입받았던 것입니다. 이때 보였던 오빠의 증상 중에 하나가 사람에 대한 두려움이었습니다. 뿐만 아니라 집에서 이상한 주문을 외우며, 세상과 서서히 단절되어 나갔습니다. 때로는 하루 종일 말 한마디 하지 않을 때도 있었습니다. 이때부터 자살의 영이 오빠에게 투입되면서 자살로 이끌어 갈 수 있는 통로가 강하게 열렸던 것입니다.

우리 안에 역사하는 사탄의 영역은 우리가 수용하는 만큼 확장됩니다. 만약 그 순간 악한 영이 주는 우울함의 영역을 끊고 예수님께 의지했다면 악한 영과의 연결고리는 끊어지게 됩니다. 하지만 오빠는 그렇게 하지 않았습니다. 오히려 우울의 생각들을 더 받아들였고 점점 세상 속에서 스스로를 단절시켜 나갔습니다.

그렇게 될 때 사탄은 우울의 영으로 더 강력하게 묶어 악한 영이 통치자가 되도록 이끌어 갑니다. 많은 영적인 문제들은 그렇게 해서 비롯됩니다. 만약 우울의 영이 통치자로 일어나게 된다면 우울증, 정신질환으로도 진전될 수 있습니다. 심할 경우 귀신들림의 현상으로 나타날 수도 있습니다.

둘째 오빠의 경우 우울의 영을 받아들인 결과 삶의 회의를 느끼고 자살에 이르고 말았습니다. 그 사건의 발단은 어디였을까요? 바로 거짓 종교의 가르침을 받아 미혹의 영을 내면 깊숙이 끌어 들였던 것입니다. 미혹의 영은 악한 영들 가운데에서도 강력한 영입니다. 미혹의 영에게 사로잡히는 것은 단순한 미움의 영이나 시기질투의 영, 혹은 분노의 영에게 사로잡히는 것과는 차원이 다릅니다.

> "우리의 씨름은 혈과 육을 상대하는 것이 아니요 통치자들과 권세들과 이 어둠의 세상 주관자들과 하늘에 있는 악의 영들을 상대함이라" (엡 6:12, 개정)

위의 성경 말씀을 통해 사탄의 조직과 체계를 '통치자들, 권세들, 이 어둠의 세상 주관자들, 하늘에 있는 악의 영들'로 분류할 수 있습니다.[21] 사탄의 조직은 루시퍼를 정점으로 군대 조직과 같이 조

---

21) 사탄의 조직과 체계(『주어진 권세로 영적 세계를 정복하라』(제2권), pp.42-47 참조)
1. '통치자들' : 통치자들은 사탄 아래의 높은 직급으로 '나라나 권력이나 정치적 배후를 조종하고 통치하는 일'을 담당합니다.
2. '권세들' : 권세들은 '어떤 지역이나 조직을 장악하고 다스리는 사탄의 세력'을 말합니다. 어떤 도시나 지역, 조직이나 단체를 장악하고 지배하는 영들을 말합니다.
3. '어둠의 세상 주관자들' : 주로 이 세상에서 어둠을 조성하는 악한 세력들로서 문화, 종교, 철학, 사상 등을 장악하며 지배합니다. 특정한 나라나 지역, 조직이나 단체를 집중 공격하는 권세들과 다르게 각 개인을 타락시키는 일을 수행합니다. 각종 미신, 사상, 세상 풍조, 이데올로기, 오락, 미디어, 학문 등의 분야에서 세상을 혼미케 하고 미혹케 하는 역할을 담당합니다.
4. '하늘에 있는 악한 영들' : 우리가 흔히 말하는 귀신들로서 직접적으로 사람들에게 해를 가하는 존재입니다. 이 귀신들은 기질상 여러 가지 이름으로 불릴 수 있습니다. 정욕의 영, 불신의 영, 반항의 영, 무기력의 영, 미움의 영 등 귀신이 가진 기질과 속성에 따라 이름을 명명할 수 있습니다.

직적인 체계를 가지고 질서정연하게 움직이고 있습니다.

악한 영들의 체계 가운데 미혹의 영은 '어둠의 세상 주관자들'의
그룹에 속합니다. 거짓종교, 이단, 사이비, 미신, 우상숭배, 이데올
로기, 오락, 미디어 등을 통해 이 세상을 현혹하고 미혹하고 있습니
다. 각종 사상과 학문, 종교를 총동원하여 진리를 왜곡하며 가리는
것이 미혹의 영이 하는 주된 일입니다.

거짓 종교인 '남묘호랑개교'를 통해 들어온 미혹의 영은 무차별
적으로 둘째 오빠를 공격했습니다. 그 결과 우울의 영이나 괴로움
의 영들이 투입될 수 있는 통로가 활짝 열렸습니다. 우울의 영이
들어올 수 있도록 미혹의 영이 먼저 포문을 열었던 것입니다. 미혹
의 영은 악한 영의 체계에서도 높은 계급에 해당되므로 충분히 그
러한 방식으로 활동할 수 있습니다.

반면 둘째 오빠에게 역사했던 우울의 영, 괴로움의 영들은 '하늘
에 있는 악한 영들'의 계급에 속합니다. 우리가 흔히 귀신이라고 부
르고 있는 부류입니다. 이러한 귀신들은 그들이 가진 속성과 기질
에 따라 이름을 명명할 수 있습니다. 이 부류에 속한 귀신들은 수
백, 수천가지의 이름으로 분류될 수 있습니다.

예를 들어 갑자기 미움의 생각에 사로잡힐 때나 미움의 감정이
강하게 일어날 때 '나에게 지금 미움의 영이 역사하고 있구나'하고
생각하면 됩니다. 자신이 통제하기 힘들 정도의 분노의 마음이 용

숫음친다면 '분노의 영이 나를 공격하고 있구나'라고 생각하면 크게 틀리지 않습니다. 음란의 영도 마찬가지입니다. 음란의 영의 공격을 받게 된다면 음란의 생각을 절제하기 힘들게 됩니다. 이럴 때 예수님의 이름으로 끊고 대적하지 않는다면 음란의 마음이 행동으로 이어지게 됩니다. 이러한 방식으로 귀신들은 자신의 속성과 기질에 따라 사람들에게 생각을 주입시키며 죄악을 뿌리며 공격하고 있습니다.

'하늘에 있는 악한 영들'은 주변에서 흔히 접할 수 있는 부류로서 사탄의 조직중 가장 하위 단계에 속하는 계급입니다. 이렇듯 악한 영들은 그들의 조직과 체계 안에서 질서정연하게 움직이고 있습니다.

둘째 오빠의 자살의 경로와 요인

둘째 오빠의 자살의 경로와 요인은 세 가지 측면으로 축약하여 설명할 수 있습니다.

첫 번째로, 거짓 종교를 믿음으로 미혹의 영에게 사로잡힌 후 점진적으로 우울의 영[22]에게 사로잡히게 되었습니다. 만약 우울의

---

22) '우울의 영'은 삶의 목적과 희망을 버리도록 부채질하는 악한 영입니다. 세상과 단절시키며 우울의 증세를 수반하는 질병을 야기시킬 수도 있습니다. 우울의 영에게 강하게 사로잡히게

영에게 사로잡히게 된다면 자살의 영[23]이 강력하게 활동할 수 있는 무대를 제공하는 것과 매한가지입니다. 우울의 영에게 사로잡힌다면 때로는 세상을 비관하며 은둔생활도 할 수 있습니다. 그런 환경이 된다면 자살의 영을 불러들여 자살로 이어지는 것은 시간문제입니다.

두 번째로, 오빠의 의지적인 선택을 통해 선한 영향력이 있는 사람에게 도움을 요청하지 않았습니다. 이 부분도 자살로 치달았던 요인 중의 하나입니다.

마지막으로, 하나님을 의지하지 않았던 것이 자살의 가장 큰 요인이었습니다.

나는 30년 가까이 자살의 음성을 듣고 살아왔습니다. 시시때때

된다면 우울증, 정신질환, 심지어 귀신들림의 현상까지도 나타날 수 있습니다. 만약 우울의 영이 사람 속에서 둥지를 틀고 강력하게 활동하게 되면 세상과 단절하는 영을 자연스럽게 초청합니다. 그 현상의 결과로서 우울증의 증세 가운데 칩거생활의 형태가 나타나는 것입니다. 이로 인해 불면, 중독(게임, 마약 등)의 단계로 진전될 수 있습니다. 우울증의 증세가 심해지면 자연스럽게 자살의 영을 불러들이게 됩니다. 우울증 환자가 자살하는 사례가 많은 것은 이러한 영적인 흐름 속에서 발생되는 현상 중에 하나인 것입니다.

23) '자살의 영'은 미혹의 영보다 더 큰 영역을 가지고 움직입니다. 사탄의 조직과 체계 중 자살의 영은 '권세들'의 계급에 해당됩니다. 주로 '권세들'은 특정 지역이나, 장소, 조직을 잡고 흔들며 움직입니다. 자살, 동성애, 음란, 중독 등을 촉발시키며 활동하고 있는 세력입니다. '권세들'은 특정 지역이나 구역을 견고한 진으로 둘러 점진적으로 장악해 나갑니다. 자살의 영 역시도 자신이 맡은 지역을 견고한 진으로 둘러 강력한 자살의 기운들을 퍼뜨립니다. 자살의 영이 강력하게 활동하고 있는 지역에 가면 자신도 모르게 자살의 생각과 충동이 일어나게 됩니다. 이는 자살의 영에게 공격받은 현상의 결과입니다. 현재 지역을 막론하고 기하급수적으로 자살이 증가하고 있는 것은 자살의 영의 활동 영역이 점점 넓어지고 있다는 증거입니다.

로 들려오는 죽음의 음성에서 결코 자유로울 수 없었습니다. 그 음성에 매여 옴짝달싹 할 수 없었습니다. 오빠 역시도 수십 년을 자살의 음성을 듣고 있었습니다. 가끔씩 오빠는 내게 이렇게 말했습니다.

"자꾸 죽고 싶다는 생각이 떠올라서 견딜 수가 없어. 밤이면 그 생각이 더 또렷해져. 그래서 너무 두려워."

'둘 다 똑같이 자살의 음성을 듣고 있었는데 왜 오빠는 자살하고, 나는 살았을까?'

나는 곰곰이 생각해 보았습니다. 답은 하나였습니다. 비록 믿음은 없었지만 나는 복음 안에 머물러 있었습니다. 반면 오빠는 거짓 종교에 빠져 미혹의 영에게 사로잡힌 채 예수님을 알지 못한 상태였습니다. 예수님을 알지 못하므로 숨이 끊어지기 직전에 하나님을 찾지 않았습니다. 둘째 오빠는 이렇게 소리 지르며 죽어갔습니다.

"엄마! 살려줘! 엄마 살려줘! 엄마! 미안해……"

반면 나는 복음을 알았기에 하나님께 부르짖으며 하나님만을 의지했습니다.

"하나님! 살려 주세요. 하나님! 제발 도와주세요!"

둘째 오빠와 나는 동일하게 평생을 자살의 음성을 듣고 살아왔습니다. 동일하게 심각한 우울증의 증세를 보이며 불면과 두려움에 시달렸습니다. 하지만 결과는 극과 극입니다. 오빠는 자살했고,

나는 이렇게 살아 있습니다. 지금 내가 살아 숨 쉬고 있는 것은 오로지 하나님의 은혜입니다. 나의 울부짖음에 신실하신 하나님께서 응답하셨고 내 생명을 연장시켜 주셨습니다. 지금 나는 덤으로 사는 인생을 살고 있습니다.

> "한번 죽는 것은 사람에게 정해진 것이요 그 후에는 심판이 있으리니 (히 9:29, 개정)
>
> 누구든지 생명책에 기록되지 못한 자는 불못에 던져지더라" (계 20:15, 개정)

반드시 누구나 한번은 죽습니다. 죽음 직전의 마지막 순간에 누구를 찾을 것입니까? 사람을 찾을 것입니까? 하나님을 찾을 것입니까? 누구를 찾든 별 것 아니라고 생각할지도 모릅니다. 그러나 사람을 찾느냐, 하나님을 찾느냐에 따라 극명한 영생의 결과를 보게 될 것입니다. 만약 사람을 찾는다면 천국과 지옥의 갈림길에서 두려움에 떨 것입니다. 천국으로 향하는 구원의 문을 열고 닫으실 권세를 가진 분은 오직 예수님 한 분밖에 없다는 진리를 기억하십시오. 그 어떠한 순간에도 오직 예수님만을 신뢰하십시오.

🍂 큰 오빠의 자살의 경로

사회적, 환경적, 개인적인 문제

하나님을 경외했던 욥조차도 사탄에 의해 사회적, 환경적, 개인적인 어려움을 겪게 되었고 이로 인해 실족하기도 했습니다. 그러나 욥은 사탄으로부터 기인된 고난을 하나님의 선한 영향력권 아래 머물며 죽고 싶다는 충동을(욥 7:15-16) 극복했습니다. 그 결과 욥은 장수의 복과 이전보다 2배의 축복을 누리게 되었습니다. 하지만 대부분의 사람들은 욥이 당했던 고난과 시련 앞에서 허무하게 무너져 내립니다.

바로 우리 큰 오빠가 그러했습니다.

큰 오빠는 사회적, 환경적, 개인적인 문제로 실족하여 자살을 선택한 경우입니다. 큰 오빠는 아버지의 학대와 폭력 속에서 성장했습니다. 가정불화와 잦은 폭력의 환경 속에 그대로 노출되었습니다. 이러한 환경으로 인해 정서적인 안정을 가질 수가 없었습니다. 아버지의 학대와 폭력 속에서 가출과 같은 일탈 행동이 빈번이 일어났고, 학교생활도 제대로 적응할 수가 없었습니다. 어느덧 큰 오빠의 마음 깊은 곳에 강한 분노와 불만이 자리 잡게 되었습니다.

게다가 사회적인 환경 역시도 오빠의 자살에 지대한 영향을 미쳤습니다.

오빠는 불우한 가정환경을 딛고 사회에서 성공해 보려고 부단히도 노력했습니다. 유난히 어릴 때부터 책 읽기와 글쓰기를 좋아했던 큰 오빠는 작가의 꿈을 품었습니다. 2년여 동안 독방에서 글쓰기에만 전념한 시기도 있었습니다. 하지만 현실의 벽은 생각보다 높았습니다. 큰 오빠는 배우지 못한 것, 사회가 요구하는 조건들을 갖추지 못한 자신을 보며 한탄했습니다. 무한경쟁, 적자생존의 법칙 하에서 움직이는 사회의 환경에서 큰 오빠는 자신의 한계를 넘어서지 못한 채 낙심과 좌절을 수없이 경험해야 했습니다.

그러나 무엇보다도 큰 오빠의 직접적인 자살의 원인은 개인적인 어려움을 극복하지 못한 것에 있었습니다. 큰 오빠의 종교는 불교였습니다. 아버지가 자살한 이후부터 불교를 믿게 되었는데 둘째 오빠가 자살하자 불심은 더욱 깊어졌습니다. 자신이 불자가 되면 어떻겠냐고 어머니에게 물으며, 세상을 등지고 절로 들어가고 싶다고도 했습니다. 뿐만 아니라 오빠는 니체나 쇼펜하우어와 같은 염세주의자들의 책을 주로 읽었습니다. 특별히 오빠가 좋아했던 책은 '젊은 베르테르의 슬픔'이었습니다. 염세주의와 자살을 아름답게 미화하고 있는 책들을 읽으며 죽음을 동경했습니다.[24]

---

24) 자살의 배후에 악한 영들이 존재하고 있다는 영적인 원리가 베일에 가려져 있기에 자살이 미화되는 세상이 되었습니다. 그러다보니 연예인이나 유명인의 자살을 그대로 모방하여 자살

"아! 죽고 싶다. 죽으면 어떨까?"

큰 오빠가 불쑥 불쑥 이런 이야기를 건네는 바람에 어머니의 간담을 서늘하게도 했습니다. 자살이 미화되고 있는 세상 속에서 큰 오빠는 죽음을 동경하며 자살을 꿈꿨습니다. 결국 꿈이 현실로 이루어졌고, 큰 오빠는 자살로 인생을 마감했습니다.

많은 이들이 사회적, 환경적, 개인적인 어려움에 직면했을 때 마지막 보류로서 자살을 선택합니다. 우리 큰 오빠가 그러했습니다. 그러나 우리는 욥의 환경적, 개인적인 어려움이 사탄으로부터 기인했다는 것을 잊지 말아야 합니다.[25] 많은 경우 악한 영들이 사

하는 사례들이 증가하고 있습니다. 자신이 롤모델로 삼고 있던 사람이 자살할 경우, 그 사람과 자신을 동일시해서 자살을 시도하는 현상을 베르테르 효과(Werther effect)라고 합니다. 동조자살 혹은 모방 자살을 시도하는 것입니다. 이렇게 된 이유 중의 하나는 책이나 매스컴의 영향력 때문입니다. 자살을 미화시키는 책들이나 매스컴을 통해 흘러나오는 무분별한 자살의 보도는 자살을 미화하며 부추기는 요인으로 작용하고 있습니다. 자살을 미화하는 자살 보도와 남겨진 가족들에 대한 감성적인 보도는 자살의 충동을 촉발시킵니다. 매스컴과 언론은 베르테르 효과를 부채질하는 매체가 되었습니다. 한국을 자살공화국으로 만드는 시너지 역할을 매스컴이 톡톡히 해내고 있는 것입니다. 자살은 마치 전염성이 강한 바이러스와 같이 무서운 속도로 번지고 있습니다.

자살을 미화시키는 것도 사탄이 일하는 방법 가운데 하나입니다. 사탄은 여러 가지 방법들을 통해 자살을 근사한 것으로 포장하며 우리를 공격합니다. 심지어 자살한 영혼도 천국에 갈 수 있다고 가르치도록 유도하며, 성도조차도 자살의 생각을 주입하며 행동으로 나가게끔 유도합니다(딤전 4:1). 자살을 한낱 소모품처럼 쉽게 선택할 수 있는 환경으로 치닫고 있는 것입니다. 이제 자살의 영이 견고한 진이 되어 우리를 강력하게 덮고 있기 때문에 자살은 우리에게 이미 친숙한 단어가 되었습니다.

25) 그렇다고 모든 고난을 사탄으로부터 기인된 것이라고 단정해서는 안 됩니다. 자신의 죄로부터 기인된 고난도 있을 것이며, 하나님께서 연단 속에서 정금같이 단련하고자 주시는 고난도 분명 있을 것입니다. 자신에게 휘몰아치는 시련과 환란은 과연 어디로부터 기인된 것인지를 분별하셔야 합니다.

회, 환경, 개인의 문제를 조장하며 극도의 괴로움의 생각을 주입하며 자살을 주도해 나간다는 것을 잊어서는 안됩니다.

🐝 사촌 여동생의 자살의 경로

영의 전이

사촌 여동생의 자살의 원인은 바로 '영의 전이'의 원리에서 비롯되었습니다.

우리 아버지, 둘째 오빠, 큰 오빠는 자살로 생을 마감했습니다. 불과 7년 사이에 온 가족이 자살의 영에 이끌려 자살을 선택했습니다. 나 역시도 '죽어라. 죽어라. 죽으면 편하다. 죽으면 아무것도 없다'는 자살의 영의 음성을 내 생각으로 착각한 채 수차례 자살을 결단하기도 했습니다.

그런 와중에 우리 어머니는 진실한 믿음의 소유자가 되었습니다. 가족을 휩싸고 있었던 자살의 영을 대적할 수 있는 믿음이 생긴 것입니다. 하나님 앞에 엎드려 자복하며 죄성을 끊어 나갈 수 있는 거듭난 성도가 되었습니다. 기도의 용사가 된 것입니다.

어머니는 어느 순간부터 기도로서 자살의 영들을 대적해 나갔습니다. 남은 자녀들에게 자살의 영이 계속 전이될 수 있었으나 강력한 불을 뿜는 기도로 자살의 영을 대적했습니다. 그 기도가 바로 방언기도였습니다.[26] 비록 어머니는 알지 못하는 방언으로 기도했지만 방언기도 안에 남은 두 자녀를 보호할 수 있는 대적기도가 포함되었던 것입니다.

만약 예수님을 믿지 않았다면 남은 가족 모두 자살의 영에게 이끌려 자살을 선택했을지도 모를 일입니다. 하지만 그 사이 하나님의 은혜로 성령 충만함을 입은 어머니는 죽기 살기로 하나님께 매달리며 기도했습니다. 어머니의 기도를 통해 가족 전체를 덮고 있었던 자살의 영의 저주가 끊어지게 되었습니다.

그렇다면 우리 가족 전체를 휩싸고 있었던 자살의 영은 도대체 어디로 간 것일까요?

우리 가족 3명을 자살로 이끈 자살의 영은 자살을 실행할 또 다른 공격 대상을 물색하고 있었습니다(눅 11:24). 영은 전이됩니다. 자살의 영은 사촌 여동생을 무자비하게 공격했습니다. 우리 가족이 예수 그리스도의 은혜 안에 거하자, 자살의 영이 더 이상 역사할

---

26) 방언으로 계속 기도하다보면 영적 권위와 능력이 부어집니다. 방언 안에 능력이 덧입혀지는 능력방언으로 성장하게 됩니다. 능력방언 안에는 '악한 사탄의 세력과의 전투'를 수행하는 기도가 내포되어 있습니다. 특별히 능력방언은 자신도 모르게 흘러들어온 악한 영의 저주를 끊고 대적하는 기도가 내포되어 있기 때문에 서서히 저주들이 끊어지게 됩니다. (『하나님의 선물, 방언의 숨겨진 비밀』pp. 59-70 참조)

수 없게 되므로 우리 가족의 환경과 비슷했던 사촌 여동생에게로 '영의 전이'가 일어난 것입니다.

악한 영의 전이 현상으로 거라사 지방의 광인, 군대귀신 들린 사람을 예로 들 수 있습니다.

> "이는 예수께서 이미 그에게 이르시기를 더러운 귀신아 그 사람에게서 나오라 하셨음이라 이에 물으시되 네 이름이 무엇이냐 이르되 내 이름은 군대니 우리가 많음이니이다 하고 자기를 그 지방에서 내보내지 마시기를 간구하더니 마침 거기 돼지의 큰 떼가 산 곁에서 먹고 있는지라 이에 간구하여 이르되 우리를 돼지에게로 보내어 들어가게 하소서 하니 허락하신대 더러운 귀신들이 나와서 돼지에게로 들어가매 거의 이천 마리 되는 떼가 바다를 향하여 비탈로 내리달아 바다에서 몰사하거늘" (막 5:8-13, 개정)

거라사 광인 속에 숨어 있던 귀신들은 예수님께서 "그 사람에게서 나오라"고 명령하시기 전까지는 광인의 육체를 자신들의 거처로 삼고 있었습니다. 귀신의 속성상 사람 속을 가장 편안하고 안전한 장소로 생각합니다(눅 11:24).[27] 악한 영들은 살과 육이 없는 존재로서

---

27) "더러운 귀신이 사람에게서 나갔을 때에 물 없는 곳으로 다니며 쉬기를 구하되 얻지 못하고 이에 이르되 내가 나온 내 집으로 돌아가리라 하고"(눅 11:24, 개정)

사람 안에 들어가 둥지를 틀고 처소로 삼을 때 가장 안정감을 느끼게 됩니다. 악한 영들은 쉴 곳을 찾아 헤매고 다니다가(마 12:43-45) 육체 안에서 처소를 틀 때야 비로소 안식하게 됩니다. 그런 이유로 예수님께서 "떠나라"고 귀신들에게 명령했을 때 심판의 장소인 무저갱이 아닌(눅 8:31) 육을 지닌 돼지에게로 들어가게 해달라고 애원했던 것입니다. 거라사 광인 안에 들어있던 귀신이 자신들이 거할 처소로 돼지를 선택한 것입니다. 사람에게서 돼지에게로 귀신의 전이가 일어난 것입니다.

그러나 또한 여기서 기억해야 할 것은 영의 전이는 악한 영을 통해서도 일어나지만, 성령의 사역을 통해서도 일어날 수 있다는 것입니다.

모세가 여호수아를 위해 기도했을 때 이러한 영의 전이가 일어났습니다.

> "모세가 눈의 아들 여호수아에게 안수하였으므로 그에게 지혜의 영이 충만하니 이스라엘 자손이 여호와께서 모세에게 명령하신 대로 여호수아의 말을 순종하였더라" (신 34:9, 개정)

모세가 여호수아를 위해 안수하고 기도하자, 모세의 안수를 통해 지혜의 영이 전이 되었습니다. 뿐만 아니라 사도 바울 역시도 같은 원리로 영적 전이에 대한 이야기를 하고 있습니다. 사도 바울은 로마서 1장 11절[28]에서 성령께서 주시는 선물, 즉 은사를 나누어 주어 교회와 성도들을 강건하게 세우기를 원한다고 말했습니다. 성령님의 전도체로서 신령한 은사들을 나눌 수 있음을 사도 바울이 언급하고 있는 것입니다. 실제 에베소 교회에서 사도 바울이 손을 얹고 안수할 때 성령께서 임하시므로 열 두 사람쯤이 방언을 말하고 예언을 했습니다(행 19:6). 사도 바울이 아들과 같이 여겼던 디모데에게 손을 얹고 안수 할 때에도 은사가 임했습니다(딤후 1:6).

사람은 영의 존재, 영의 전도체로서 각종 은사나 기름부음, 혹은 성령의 충만함을 주는 성령님의 도구로서 사용될 수 있습니다. 성령님을 통한 영의 전이가 일어날 때에는 소망과 기쁨, 구원의 확신이 일어나면서 믿음의 사람으로 거듭나게 됩니다. 이렇듯 악한 영뿐만 아니라 성령의 사역을 통해서도 영의 전이가 일어납니다.

만약 악한 영들을 통해 우리가 자살의 영을 전이 받는다면, 암담한 현실 앞에서 죽음을 생각하게 됩니다. 이러한 '자살의 영의 전이'는 주변에서 간간히 목격할 수 있는 현상입니다. 몇 년 전 세간을 떠들썩하게 했던 유명 여자 연예인의 자살이 그 예일 수 있습니

---

28) "내가 너희 보기를 간절히 원하는 것은 어떤 신령한 은사를 너희에게 나누어 주어 너희를 견고하게 하려 함이니"(롬 1:11, 개정)

다. 유명 연예인의 자살 이후, 연이어 동생이 자살했고, 얼마 후 남편까지도 자살했습니다. 최근에는 고인이 된 연예인의 매니저까지도 자살로 이어졌습니다. '영의 전의 현상'은 '베르테르 효과'를 부채질하며 그 연예인의 자살 이후 수많은 사람들의 모방 자살을 촉발시켰습니다. 이것은 결코 우연이 아닙니다. 보이지 않는 세계에서 일어나고 있는 '자살의 영의 전이 현상'인 것입니다.

우리 아버지는 목을 매고 자살했습니다. 둘째 오빠도 목을 매고 자살했습니다. 사촌 여동생도 목을 매고 자살했습니다. 이들 모두 목을 매고 죽는 방법으로 자살을 실행했습니다. 나 역시도 악한 영들이 목을 매고 죽어 있는 영상을 보여주며, '죽어라. 죽어라'를 연신 외쳐대며 자살을 실행하도록 충동질했습니다. 대체적으로 목을 매고 자살한 가족이 있다면 그 영이 전이되어 그러한 형태로 자살할 확률이 높습니다. 수면제를 먹고 자살했다면 동일한 방법으로 자살을 선택할 확률이 높습니다.

장소에 관해서도 동일한 영적인 원리가 적용됩니다. '자살 절대 금지'라는 푯말은 그동안 상당수의 사람들이 그 장소에서 자살을 실행했음을 단적으로 보여주는 증거입니다. 어느 특정한 장소에 유독 자살자가 많은 경우, 자살의 영들이 그 장소에 포진되어 있기 때문입니다. 자살의 영이 장악하고 있는 장소에서 자신도 모르게 자살의 충동과 자살의 생각을 주입받을 수도 있습니다. 영은 전이

될 수 있기 때문입니다.

　　많은 사람들이 더 이상 희망을 찾을 수 없기에 자살이 최선의
방법이라고 생각하며 자살을 실행합니다. 그러나 아직도, 여전히
희망은 남아 있으며, 예수 그리스도 안에서 치유와 회복이 일어날
수 있음을 기억하십시오.

　　예수님께서는 우리의 생명을 자신의 생명만큼 가치 있고 소중히
여기십니다. 예수님께서는 그 사랑을 확증하시기 위해 기꺼이 십자
가에서 모든 피를 다 쏟으시고 돌아가셨습니다.[29] 자살을 통해 죽음
을 선택할 용기가 있다면, 그 힘으로 예수님 앞에 나오십시오.

　　나는 가족의 3명을 자살로 잃었습니다. 나 역시도 자살이 최선
의 방법이라고 생각하며 자살을 결단하기도 했습니다. 그러나 우
리 가족이 예수님 앞에 나왔을 때, 자살의 저주로부터 우리 가족을
건져내어 주셨습니다. 그 죽음의 골짜기에서 건져 주셨을 뿐만 아
니라, 우리 가족을 푸른 초장으로 친히 인도해 주셨습니다.

---

29) "그런데 그리스도께서는 우리가 아직 죄인이었을 때에 우리를 위해 죽으셨습니다. 이것으로
　써 하나님께서는 우리를 향한 그분의 사랑을 나타내셨습니다."(롬 5:8, 쉬운)

"자살하면 정말로 지옥 가나요?"

사랑하는 가족을 자살로 잃은 어떤 성도가 오열하며 내게 이렇게 물었습니다. 아직도, 여전히 가족의 자살이 믿겨지지 않는 듯 말하는 동안에도 그분의 눈에서 연신 눈물이 뚝뚝 떨어졌습니다. 자신의 무관심이 사랑하는 가족을 자살까지 이르게 했다며 자책하며 고통스러워했습니다. 그분의 처절한 고통과 슬픔이 그대로 전해져 가슴이 아려왔습니다. 나는 그분께 아무것도 해 줄 것이 없었습니다. 마음으로 위로하며 단지 안아줄 뿐이었습니다.

"자살하면 지옥가나요?"

많은 사람들이 자살하면 지옥에 가게 되는지 묻습니다. 이제 자살은 비단 불신자들의 문제만이 아닙니다. 자살의 위험 앞에 신자들마저도 고스란히 노출되어 있습니다. 자살로 가족을 잃은 성도들은 '자살하면 정말로 지옥에 가는 것이냐'고 목사님께 묻습니다. 그러나 교회도, 목회자도 그 질문에 대해 명쾌한 대답을 하지 못합니다. 자살과 지옥의 문제 앞에 묵묵부답으로 일관할 수밖에 없습니다. 왜냐하면 교회의 성도들이 막다른 골목에서 자살을 선택하고 있기 때문입니다. 성도조차도 자살로 내몰리는 현실 속에서 자살과 지옥의 문제를 거론하는 것이 어렵기 때문입니다. 자살하면 지옥간다는 말은 자살로 가족을 잃은 성도들에게 또 다른 상처와 아픔을 심어주기 때문입니다.

또 다른 이유는 자살 이면에 숨겨진 영적인 원리를 정확히 알지 못하기 때문입니다. 자살을 두고 일어나는 영적 세계의 흐름을 인식하지 못하고 있기 때문에 자살을 사회적, 환경적, 개인적인 문제라고만 대답할 수밖에 없는 것입니다.

과연 자살하면 무조건 지옥에 가는 것일까요?

이 질문에 대한 답은 꼭 그렇지만은 않다는 것입니다. 자살한 사람 모두 다 지옥에 가는 것은 아니라는 것입니다. 자살자 중에 지옥에 가는 사람이 분명 있을 것이고, 극히 드물게는 그렇지 않은 사람도 있을 수 있다는 것입니다.

똑같이 자살하는데 어떤 사람은 지옥에 가고, 또 어떤 사람은 그렇지 않은 이유는 무엇일까요? 이에 대한 대답은 자살하는 사람의 '죽기 직전의 영의 상태에 따라 천국이냐 지옥이냐'가 결정된다는 것입니다. 죽기 직전에 '누구에게 자신의 통치권을 넘겨주었느냐'에 따라 천국과 지옥, 즉 영생의 결과가 달라진다는 것입니다.

이 땅에서 하나님의 자녀로서 성령님의 통치를 받고 살아간다면 사망 후 그들이 가는 곳은 천국입니다. 하나님의 나라, 우리의 본향 천국인 것입니다. 반대로 악한 영이 우리를 소유하며 통치권자로 일어났다면 지옥행을 절대 피할 수 없습니다(갈 6:8). 악한 영의 본향이 지옥이므로, 자신의 본거지인 지옥으로 우리를 끌고 가는 것입니다. 우리 안에 성령께서 거하신다면 하나님의 나라인 천국으로 가는 것이며, 마귀의 속성을 가지고 그들의 도구로 이 땅에서 살아간다면 사망 이후에 마귀의 본향인 지옥으로 끌려가는 것입니다.

우리가 자살을 선택하는 순간 우리 안의 통치권자가 누구입니까? 성령하나님입니까? 악한 자살의 영입니까? 대부분의 자살의 경우, 이미 자살의 영에 의해 잠식당한 상태이기 때문에 지옥에 갈 수밖에 없다는 것입니다(살후 1:8-9). 자살의 영에게 우리를 내어주어 자살을 선택했다면 그들의 본향이 지옥이므로 지옥으로 끌려가는 것입니다.

가룟 유다는 예수님에게 선택을 받았던 사도 중에 하나였습니다. 그런데 가룟 유다는 탐심으로 인해 악한 영의 공격을 허용했습니다. 가룟 유다가 탐심이라는 죄를 허용해 그의 통치권자가 사탄이 되도록 허락한 것입니다. 악한 영들은 가룟 유다 안에 들어가 예수님을 팔도록 생각을 주입하며 유도해 나갔습니다. 이 일의 결과로 극심한 죄책감을 느낀 가룟 유다는 결국 자살을 선택했습니다. 그렇다면 자살하기 직전의 가룟 유다의 마지막 통치권자는 누구였습니까? 바로 사탄이었습니다.

나의 둘째 오빠도 마찬가지로 자살하기 직전의 통치권자는 사탄이었습니다. 오빠는 자살 직전까지 거짓종교(남묘호랑개교)에 깊이 빠져 있었습니다. 큰 오빠 역시도 자살 직전의 순간까지도 예수님을 알지 못한 채 부처를 의지했습니다. 오빠들의 통치권자는 하나님이 아닌 사탄이었습니다. 아버지도, 사촌 여동생도 모두 마찬가지입니다. 결국 나의 가족들은 구원을 받지 못한 채로 자살했고, 악한 영들에 의해 지옥으로 끌려갔습니다.

반면 자살을 했지만 지옥에 가지 않는 경우는 어떤 경우일까요?

우리는 삼손의 이야기를 통해 이것을 살펴볼 수 있습니다. 삼손의 죽음을 두고 신학자들조차도 '자살이냐 아니냐'에 대해 많은 해석을 합니다. 그 이유는 앞서 언급한 아비멜렉, 아히도벨, 시므리, 사울, 가룟 유다의 자살과 삼손의 자살을 동질화하기에는 어려움이 있기 때문입니다. 이들 모두는 논쟁의 여지없이 성경에 악인으로 기록되어 있지만 삼손은 믿음의 선진들 중 하나로 언급되어 있기 때문입니다(히 11:32-40). 하지만 결국 삼손도 자살했습니다.

> "그 집에는 남녀가 가득하니 블레셋 모든 방백들도 거기에 있고 지붕에 있는 남녀도 삼천 명 가량이라 다 삼손이 재주 부리는 것을 보더라 삼손이 여호와께 부르짖어 이르되 주 여호와여 구하옵나니 나를 생각하옵소서 하나님이여 구하옵나니 이번만 나를 강하게 하사 나의 두 눈을 뺀 블레셋 사람에게 원수를 단번에 갚게 하옵소서

하고 삼손이 집을 버틴 두 기둥 가운데 하나는 왼손으로 하나는 오른손으로 껴 의지하고 삼손이 이르되 블레셋 사람과 함께 죽기를 원하노라 하고 힘을 다하여 몸을 굽히매 그 집이 곧 무너져 그 안에 있는 모든 방백들과 온 백성에게 덮이니 삼손이 죽을 때에 죽인 자가 살았을 때에 죽인 자보다 더욱 많았더라" (삿 16:27-30, 개정)

삼손은 죽음을 각오하고 신전을 무너뜨렸습니다. 삼손은 신전을 무너뜨리면서 "나는 이 블레셋 사람들과 함께 죽겠다"고 말하면서 자의적인 죽음을 선택한 것입니다. 광의의 면에서 삼손도 분명 자발적인 자살을 선택한 것입니다.

그런데 삼손이 자발적인 자살을 선택했을 당시의 그의 통치권자는 누구였습니까? 바로 하나님이셨습니다. 삼손은 마지막 죽음의 순간을 앞두고 하나님께 이렇게 기도했습니다.

"하나님, 저에게 한 번만 더 힘을 주십시오. 내 두 눈을 뽑아 버린 이 블레셋 사람들에게 원수를 갚게 해 주십시오."(삿 16:28, 쉬운)

죽음 직전의 삼손의 마지막 통치권자는 바로 하나님이었습니다.

여기서 한 가지 주목할 것은 죄를 지었다고, 악한 영의 공격을 받았다고, 심지어 귀신이 들렸다고 모두 다 지옥에 가는 것은 아니라는 것입니다. 하나님께서 이미 성경을 통해 구원의 원리에 대해 명확하게 말씀하셨습니다.

"네가 만일 네 입으로 예수를 주로 시인하며 또 하나님께서 그를 죽은 자 가운데서 살리신 것을 네 마음에 믿으면 구원을 받으리라"
(롬 10:9, 개정)

"그 안에서 너희도 진리의 말씀 곧 너희의 구원의 복음을 듣고 그 안에서 또한 믿어 약속의 성령으로 인치심을 받았으니" (엡 1:13, 개정)

진리의 말씀인 구원의 복음을 듣고 예수님을 구세주로 입으로 시인하고 마음으로 믿어야 합니다. 그러할 때 이 진리의 말씀이 빛이 되어 마음보다 더 깊은 영역에 있는 심령을 통해 영의 문을 열게 됩니다. 그리고 그 영 가운데 성령님께서 내주하시게 됩니다(고전 3:16). 우리의 영안에 내주하신 성령님께서 우리에게 영생의 구원을 인 치시는 것입니다. 이것이 바로 성경이 말하는 구원의 원리입니다. 그러므로 예수님을 구세주로 믿고, 성령님을 영 가운데 모시고 있다면, 그 사람은 구원을 얻게 됩니다.

설령 죄를 지었다하더라도 죄에 대해 회개하며, 믿음을 지키며 성령님을 소멸시키지 않는다면(살전 5:19) 그 사람은 구원을 잃지 않습니다. 이러한 예로 예수님께서 십자가에서 고난을 받으실 때 예수님의 우편에 있던 강도의 경우를 들 수 있습니다. 그는 비록 죄 가운데 살았음에도 예수님을 믿음으로 고백함으로 구원을 얻게 되었습니다(눅 23:42). 사실 엄밀히 말하자면 이러한 부끄러운 구원조차도 쉽지 않습니다. 왜냐하면 그 강도 역시도 자신이 십자가에서 피를 쏟으며 죽어갈 때 죽을힘을 다해 예수님에 대한 믿음을 고백했을 것이기 때문입니다.

무엇보다도 지속적인 죄들을 통해 성령님을 근심시키고, 소멸시켜 결국 성령님께서 떠나시게 된다면 그 사람은 구원을 잃게 됩니다(갈 5:17-21).

악한 영에 의해 공격을 받는 것도 마찬가지입니다. 악한 영의 공격을 통해 설령 귀신이 그 사람 안에 침투했다할지라도 여전히 성령님이 그 사람의 영에 내주하시며, 믿음을 잃지 않는다면 구원을 잃지 않을 수도 있습니다. 그러나 계속적인 악한 영의 공격과 귀신의 역사를 허용한다면, 성령께서 근심하시며 소멸되시므로 이런 사람은 자연적으로 구원을 잃게 되는 것입니다.

성령님은 우리의 영의 영역에서 내주하십니다(고전 3:16). 반면 악한 영은 우리의 혼과 육의 영역을 잠식해 나가기 때문에 우리 안에서 성령님과 악한 영이 공존하는 '양신역사'가 일어날 수 있는 것입니다.

결론적으로 마지막 죽음의 순간에 우리의 영안에 성령하나님께서 내주하셔야만 구원이 완성되는 것입니다. 이러한 영적인 원리는 비단 자살하는 사람뿐만 아니라, 일반적인 죽음을 맞이하는 사람에게도 동일하게 적용됩니다. 마지막 죽기 직전의 통치자가 성령하나님이었느냐, 사탄이었느냐에 따라 천국과 지옥이 결정되는 것입니다. 죽기 직전에 그 사람의 통치권이 악한 영들에게 완전히 넘어가 있는 상태로 성령께서 내주하시지 않는다면 그 사람은 분명 지옥에 가게 되는 것입니다.

많은 사람들이 자살을 선택합니다. 우리는 그 사람이 지옥에 갈지, 천국에 갈지 결코 장담할 수는 없습니다. 자살 직전에 그 사람이 누구의 통치권 아래에 있었느냐에 따라 영생의 결과가 확연히 달라지기 때문입니다.

그러나 자살을 선택하는 대부분의 사람들의 통치권자는 하나님이 아니라 사탄일 경우가 많기 때문에 지옥에 갈 수밖에 없습니다. 그 이유는 '하나님을 신실하게 믿고 의지하는 성도라면' 설령 막다른 현실, 고통스러운 상황에 직면할지라도 절대로 자살을 선택하지 않을 것이기 때문입니다. 하나님께서 자살을 금하셨기 때문입니다(출 20:13). 우리의 몸은 더 이상 내 것이 아니며 주님의 것이기 때문입니다. 자신의 지체를 불의의 병기로 죄에게 내어 주어서는 안 된다는 것을 알기 때문입니다(롬 6:13). 생명의 주인은 하나님이시며, 생사를 주관하시는 분 역시도 하나님이심을 알기 때문입니다.

성령하나님의 통치를 받는 성도라면 하나님께서 주신 고귀한 생명을 절대로 자신의 손으로 끊는 선택을 하지 않을 것입니다.

간혹 우리는 죽은 사람의 모습을 목격하게 됩니다. 내 가족의 모습일 수도 있고, 직업상 죽은 사람을 자주 대면해야 할 때도 있습니다. 우연히 지나가다가 죽은 사람을 목격할 수도 있습니다. 그런데 죽은 사람들의 모습을 살펴보면 그들의 모습 속에서 특이한 점을 발견할 수 있습니다. 평안한 모습으로 죽음을 맞이한 사람이 있는가 하면, 흉측한 모습으로 심하게 일그러진 채 죽음을 맞이한 사람도 있습니다.

나의 아버지의 마지막 모습은 참혹하리만큼 너무나 끔찍했습니다. 나는 10살 때, 영안실에 싸늘한 시체로 누워 있는 아버지의 시신을 보았습니다. 아버지의 시신을 보는 순간 공포가 느껴졌습니다. 저주가 느껴졌습니다. 무엇보다도 나를 공포스럽게 했던 것은 바로 아버지의 형상이었습니다. 아버지는 공포에 질려, 온몸이 경직된 채 눈을 부릅뜨고 운명했습니다. 무엇인가를 보고 놀란 듯 아버지의 얼굴은 공포로 처참하게 일그러져 있었습니다.

도대체 죽기 직전에 무슨 일이 일어났기에 죽는 사람들의 얼굴에 이러한 흔적이 남는 것일까요?

그것은 영혼과 육체가 분리되어 사망에 이르기 직전, 그들의 영안이 열리면서 영적인 세계를 목격하기 때문입니다.[30] 죽음 직전에 우리의 영안이 열리는 것입니다.

성경에도 스데반이 돌에 맞아 죽기 직전에 그의 영안이 열렸음이 기록되어 있습니다.

> "스데반이 성령 충만하여 하늘을 우러러 주목하여 하나님의 영광과 및 예수께서 하나님 우편에 서신 것을 보고 말하되 보라 하늘이 열리고 인자가 하나님 우편에 서신 것을 보노라 한대 그들이 큰 소리를 지르며 귀를 막고 일제히 그에게 달려들어 성 밖으로 내치고 돌로 칠 새 증인들이 옷을 벗어 사울이라 하는 청년의 발 앞에 두니라 그들이 돌로 스데반을 치니 스데반이 부르짖어 이르되 주 예수여 내 영혼을 받으시옵소서 하고 무릎을 꿇고 크게 불러 이르되 주여 이 죄를 그들에게 돌리지 마옵소서 이 말을 하고 자니라" (행 7:55-60, 개정)

스데반은 돌에 맞아 죽기 직전에 영안이 열려 하늘이 열리는 것을 보았습니다. 열려진 영안을 통해 하나님의 영광과 예수님께서 하나님의 오른편에 서 계신 것을 본 것입니다.

예수님께서 스데반이 순교할 것을 아시고 하늘을 열어 그에게 천

---

30) 평온한 상태로 죽음의 순간을 맞이했다고 모두 다 천국으로 가는 것은 아닙니다. 반대로 공포에 질린 채 죽음을 맞이하는 사람들 모두 지옥으로 간다는 말이 아닙니다. 죽기 직전 부분적으로 열리는 영안을 통해 영적인 존재(천사 혹은 악한 영)를 볼 수 있음을 설명하는 것입니다.

국을 미리 보여 주셨습니다. 스데반의 고통을 덜어 주시려고 영안을 열어 천국의 소망을 보여 주신 것입니다. 불과 몇 분후에 돌에 맞아 순교할 스데반에게 응원의 눈길을 보내시려고 스데반의 죽음 직전 그의 영안을 열어 주셨습니다. 사랑하는 충성된 종인 스데반이 천국에 오는 것을 환영하시려고 예수님께서 보좌에서 일어나신 것입니다. 스데반의 경우처럼 바로 죽기 직전 우리의 영안은 열리게 됩니다.

앞에서 언급했듯이 나는 둘째 오빠가 죽기 바로 직전의 모습을 환상을 통해 보았습니다. 둘째 오빠 역시도 죽기 바로 직전에 자신의 영안이 열려 자신을 지옥으로 끌고 가고자 하는 마귀들을 보았습니다. 그 순간 두려움과 공포로 오빠의 눈에 핏발이 섰습니다. 둘째 오빠는 처참하게 일그러진 모습을 마지막 흔적으로 남긴 채 처참하게 죽어갔습니다.

우리 아버지도 죽음 직전에 무엇을 보았는지 공포에 질려 눈도 감지 못한 채 참혹한 모습으로 숨을 거두었습니다. 둘째 오빠도 마찬가지였습니다. 그래서 어머니는 두 눈을 부릅뜨고 죽은 아버지와 오빠의 눈을 감겨줘야 했습니다. 구원 받지 못한 상태로 사망한 경우 열려진 영안을 통해 지옥사자를 보고 두려움에 떨게 되는 것입니다. 사탄의 통치를 받았던 사람들은 마지막 죽음 직전에 마귀를 보며 지옥으로 끌려가는 것입니다.

반면 구원받는 성도들은 죽음 직전에 열리는 영안을 통해 천국을 경험하기에 평안하게 죽음을 맞이합니다. 스데반처럼 하나님의 통치를 받았던 사람들은 하늘이 열리며 천국을 보게 됩니다.

스데반은 성령이 충만했던 사람으로(행 7:55) 그의 마지막 통치권자는 하나님이었습니다. 스데반은 죽음 직전에 천국을 보았기에 "주님, 이 죄를 이 사람들에게 돌리지 마십시오"하며 자신을 죽이고자 하는 자들까지도 용서했습니다. 돌에 맞아 피를 쏟고 있는 고통 속에서도 평온한 상태로 죽음을 맞이할 수 있었던 것입니다.

마지막 죽음 직전의 순간에 우리의 영안이 열리게 됩니다. 천국과 지옥으로 가는 갈림길에서 영안이 열리게 되는 것입니다. 만약 이 땅에서 하나님의 통치를 받은 구원받은 백성이라면 천국에서 우리를 환영하기 위해 나온 천사들을 볼 것입니다. 반대로 이 땅에서 마귀의 통치를 받고 살아갔다면 지옥으로 끌고 가기 위해 마중 나온 악령을 보게 될 것입니다.[31]

---

31) 죽음 직전에 일어나는 영적전쟁이 가장 치열한 전쟁입니다. 만약 불신자로 살아왔다면 마지막 전투 또한 전쟁 없이 지옥으로 갈 것입니다. 하지만 때로는 방황하며 헤맸다할지라도 그에게 복음이 있었다면 마지막 전쟁을 치루며 천국으로 입성할 수도 있을 것입니다. 그렇기 때문에 믿는 성도들은 죽음에 직면한 사람들을 위해 대신 영적전쟁을 수행해야 합니다. 그들이 하나님을 찾을 수 있도록, 어둠의 세력이 짓누르지 않도록 중보해 주어야 합니다. 임종을 앞둔 사람들이 평온한 상태로 천국으로 입성할 수 있도록 대신 싸워 주어야 합니다. 대부분의 경우 죽음 직전에 있는 사람들은 무기력 상태에 빠져 있습니다. 그들에게 하나님의 사랑과 복음이 필요합니다. 죽음 직전에 일어나는 가장 치열한 영적전투에서 살아남을 수 있도록 복음을 전해야 합니다. 찬양과 기도, 예배, 섬김을 통해 죽음 직전의 순간에 예수님을 영접할 수 있도록 성도들이 그들 대신 영적전쟁을 수행해야 합니다.

많은 사람들이 '죽으면 끝이다 아무것도 없다'라고 생각합니다. 자살하면 모든 것이 끝난다고 생각하기에 쉽게 자살을 선택합니다. 그러나 엄밀히 말한다면 그때부터 비로소 시작입니다. 죽기 직전 영안이 열려 영적세계를 보며, 영생의 세계로 접어들게 됩니다. 죽기 직전에 열려 버린 영안의 세계를 통해 자신이 가야 할 분명한 목적지를 보게 되는 것입니다. 그때부터 영생의 세계, 천국과 지옥에서의 삶이 다시 새롭게 펼쳐지는 것입니다.

🐝 당신의 본향은 천국입니까? 지옥입니까?

하나님께서 인간을 창조하셨을 때 최초의 인간, 아담과 하와가 살았던 곳은 에덴동산이었습니다. 에덴동산은 천국과 같은 아름다운 곳이었습니다. 그러나 아담과 하와의 범죄로 말미암아 더 이상 에덴동산에서 살 수 없게 되었습니다. 하나님께 불순종의 죄를 지은 아담과 하와는 결국 에덴에서 쫓겨났습니다.

비록 인간의 교만과 불순종으로 하나님의 마음을 아프게 했지만 여전히 하나님은 친히 빚어 창조하신 사람들을 너무나 사랑하셨습니다. 하나님께서는 우리가 죄로부터 돌이키며, 단절된 하나님과의 관계를 회복할 수 있도록 놀라운 구원 사역을 행하셨습니다.

우리는 본질상 진노의 자녀로서(엡 2:3) 죄로 인해 지옥 불에 떨어질 수밖에 없는 존재입니다. 그러나 예수 그리스도를 통해 지옥으로부터 건짐 받을 수 있게 되었습니다. 하나님의 독생자이신 예수 그리스도를 통해 구원을 받을 수 있게 되었습니다. 구원의 열쇠이신 예수 그리스도를 믿음으로 구원 받아 천국으로 입성할 수 있게 된 것입니다.

우리의 본향은 천국입니다(히 11:16). 지옥이 아닙니다. 우리의 영혼은 천국만을 갈망합니다(고후 5:2). 목마른 사슴이 시냇물을 찾아 헤매듯이 우리의 영혼도 하나님을 갈급해하며 천국을 갈망하고 있습니다(시 42:1).

그렇기 때문에 설령 완악한 삶을 살고 있다할지라도 천국을 닮은 아름다운 것, 경이로운 것에 우리의 영이 반응하는 것입니다. 우리의 영이 천국을 갈망하므로 천국을 닮은 아름답고 신비로운 것을 볼 때마다 감격하는 것입니다.

성령으로 충만한 성도들은 이 땅에서도 심령 가운데 천국을 누리며 살아갈 수 있습니다(마 5:3). 비록 환경은 그를 억압하고 있을지라도 예수 그리스도의 영으로 충만할 때 비로소 그의 영안에서 천국이 실상이 되는 것입니다.

하나님께서는 사도 요한에게 천국이 얼마나 아름다운 곳인지를 보여 주시며 천국의 실상을 기록으로 남기도록 하셨습니다.

"천사는 성령의 도우심으로 나를 매우 크고 높은 산으로 데리고 올라갔습니다. 그는 내게 거룩한 성, 예루살렘이 하나님이 계신 하늘로부터 내려오는 것을 보여 주었습니다. 그 성은 하나님의 영광의 광채에 둘러싸여, 귀한 보석과 수정과도 같이 맑은 벽옥처럼 밝게 빛나고 있었습니다. 그 성에는 열두 대문이 있는 높고 큰 벽이 둘러 서 있었습니다. 각 문에는 열두 천사가 지키고 있었고, 이스라엘 열두 지파의 이름이 하나씩 기록되어 있었습니다. 그 문들은 동서남북으로 각각 세 개씩 있었습니다. 성벽 열두 주춧돌에는 어린양의 열두 사도의 이름이 새겨져 있었습니다. 내게 얘기하던 천사는 금으로 만들어진 자를 들고 있었는데, 그는 이 자로 성과 성문과 성벽을 재려는 참이었습니다. 성은 정사각형이었고, 길이와 폭이 똑같았습니다. 천사가 재어 보니 길이와 폭과 높이가 똑같이 만 이천 스타디온 이었습니다. 그리고 성벽 높이는 백사십사 규빗 이었습니다. 천사는 사람들이 쓰는 자로 이 모든 것을 재었습니다. 성벽은 벽옥으로 만들어졌고, 성 전체가 유리처럼 맑은 순금으로 지어져 있었습니다. 성벽의 주춧돌에는 각종 보석이 박혀 있었는데, 첫째 주춧돌은 벽옥, 둘째는 사파이어, 셋째는 옥수, 넷째는 에메랄드, 다섯째는 홍마노, 여섯째는 홍보석, 일곱째는 황옥, 여덟째는 녹옥, 아홉째는 담황옥, 열째는 녹옥수, 열한째는 청옥, 열두째는 자수정으로 꾸며져 있었습니다. 열두 대문은 각각 한 개의 커다란 진주로 만들어졌고, 성의 거리는 유리처럼 맑은 순금으로 되어 있었습니

다. 나는 성 안에서 성전을 볼 수 없었습니다. 그 이유는 전능하신

주 하나님과 어린양이 바로 성전이시기 때문입니다." (계 21:10-22,

쉬운)

사도 바울도 자신의 본향인 천국을 갈망하여 이렇게 고백했습니다.

"주님은 내게 해를 입히려는 모든 사람들에게서 나를 구해 주시고,

하늘 나라에 안전히 들어가게 하실 것입니다. 우리 주님께 영원토

록 영광을 올려 드립니다. 아멘." (딤후 4:18, 쉬운)

진실로 예수님께서 구원자라는 믿음이 심령 안에 각인되어 있습니까? 천국에 대한 소망이 있으십니까? 그렇다면 죽기 직전에 영안이 열리며 스데반이 보았던 천국의 모습을 보게 될 것입니다. 천사들의 환영을 받으며 천국에서 영원한 영생을 누리며 살게 될 것입니다.

하나님을 찾으십시오. 하나님만을 붙잡으십시오. 아름다운 우리의 본향, 천국을 예비해 두신 하나님 아버지께서 반드시 도와주십니다. 기꺼이 손잡아 주시며, 힘들고 지친 우리를 품에 안고 위로해 주십니다.

막다른 현실 앞에서 좌절되고 낙심되어 마지막 보류로 자살을

염두에 두고 계십니까?

힘들고 소망이 없어 죽을 만큼 힘이 들지라도 자살을 통해 자신을 지옥으로 내몰지 마십시오. 결단코 사탄이 자신의 통치자가 되게 하지 마십시오.

우리의 본향은 천국입니다. 가룟 유다가 간 지옥이 아니라, 스데반이 바라 본 천국이라는 것을 기억하십시오.

Chapter 4
회복의 영적 원리

Chapter 4
회복의 영적 원리

우리 인생이 아무리 모래바람이 휘몰아치는 사막길일지라도 인내하며 걷다보면 어느 순간 오아시스를 만나게 됩니다. 고난과 역경의 인생길일지라도 오아시스를 발견하면 어느새 회복이 일어납니다. 목이 타들어가는 갈증의 고통도 물 한 모금 축이는 순간 사라져 버립니다. 거친 삶의 피로가 눈 녹듯 녹아내리는 것입니다. 오아시스는 바로 회복의 장소입니다.

그러나 아직도, 여전히 희망의 오아시스를 발견하지 못한 채 고통 속에서 자살을 생각하는 사람들이 너무나 많습니다. 과연 이들은 자살의 충동에서 벗어나 완전한 자유와 회복을 선물하는 오아시스를 찾아 낼 수 있을까요? 지금부터 영적인 오아시스를 찾는 여정의 첫 발걸음을 함께 내딛을 것입니다.

🌺 내 삶을 결정짓는 자유의지

하나님께서 사람을 창조하실 때 '하나님의 형상과 모양을 따라' 만드셨습니다(창 1:26-27). 성경을 보면 동물들은 하나님의 형상에 따라 창조되었다는 언급이 전혀 없습니다. '하나님의 형상'은 오로지 사람만이 가지고 있는 고유한 특성입니다. 그렇다면 사람이 동물들과 구별되는 특징은 무엇이 있을까요? 이 점에 대해 학자들마다 다양한 견해를 주장하고 있는데 일반적으로 인간은 이성, 종교심[32], 양심과 자유의지를 가짐으로 동물과 구별된다고 정의했습니다.

특별히 하나님께서는 사람에게 자유의지를 선물로 주셨습니다.

---

32) 종교심(신앙심) : 동물은 신을 섬기거나 예배하는 일을 하지 못합니다. 적자생존의 법칙 하에서 단지 본능적으로 살아갈 뿐입니다. 동물은 혼에 의해 지배되는 혼적인 존재입니다. 그런 이유로 동물은 사람과 달리 구원의 대상이 아니며, 하나님께 심판도 받지 않습니다. 반면 사람은 영의 존재로서, 영을 통해 하나님과 교제하며, 예배하며 섬길 수 있도록 창조하셨습니다. 영의 존재인 사람은, 그 영안에 하나님에 대한 갈망이 있기 때문에 신앙(신을 앙망하는 마음)을 표출하며 살아가는 것입니다. 인간의 내면에 신을 향한 갈망이 있기 때문에 어떠한 부족이나 민족에도 종교가 없는 곳이 없습니다.

자유의지는 '선과 악을 판단할 수 있는 능력, 혹은 선과 악을 선택해서 행할 수 있는 의지'입니다.

하나님께서는 사람을 로봇처럼 창조하시지 않으셨습니다. 순종만 하는, 섬기기만 하는 천사와 같은 존재로도 창조하시지 않으셨습니다(히 1:14). 하나님의 사랑의 짝으로서, 자유의지를 통해 선과 악을 선택하며 살아갈 수 있는 존재로 사람을 창조하신 것입니다. 선물로 주신 자유의지를 통해 하나님을 더욱 사랑하며, 하나님을 진정한 통치자로 선택해 나가기를 원하신 것입니다. 이 자유의지로 선한 것들을 선택하며 하나님께서 주신 능력으로 이 땅에서 승리하는 삶을 살기를 원하신 것입니다.

무엇보다도 자유의지는 하나님과의 관계에서, 아버지와 자녀로서의 완전한 회복을 완성해 가는 열쇠이기도 합니다. 하나님께서 우리와 진정한 교제를 위해 자유의지를 선물로 주신 것입니다. 그러하기에 자유의지는 큰 축복입니다. 그러나 자유의지를 통해 선택한 일에 대해서는 스스로가 책임을 져야 합니다. 하나님은 공의의 하나님이시므로 우리가 자유의지로 선택한 일에 대해서는 공의롭게 심판하십니다(시 50:6).

> "여호와께서 말씀하시기를 보라 내가 너희 앞에 생명의 길과 사망
> 의 길을 두었노라 너는 이 백성에게 전하라 하셨느니라" (렘 21:8,
> 개정)

하나님께서 생명의 길과 사망의 길을 우리 앞에 두셨다고 분명히 말씀하셨습니다. 생명과 사망의 길 가운데 어떤 길을 선택할지는 우리의 자유의지입니다.

> "만일 여호와를 섬기는 것이 너희에게 좋지 않게 보이거든 너희 조상들이 강 저쪽에서 섬기던 신들이든지 또는 너희가 거주하는 땅에 있는 아모리 족속의 신들이든지 너희가 섬길 자를 오늘 택하라 오직 나와 내 집은 여호와를 섬기겠노라 하니" (수 24:15, 개정)

모세의 후계자인 여호수아는 죽기 전에 이스라엘 백성들과 세겜 언약을 맺었습니다. 여호수아는 이스라엘 백성들을 모아놓고 '이방 족속의 신들을 섬길지 여호와를 섬길지 선택하라'고 촉구했습니다. 자신은 '오직 여호와를 섬기겠노라'하며 각자 스스로가 선택하라 했습니다. 로봇처럼, 천사처럼 순종만하는 존재로 사람을 창조하지 않았기 때문에 자유의지를 통해 스스로 하나님을 선택하라 하신 것입니다.

그러나 그 자유의지로 자신의 인생을 망친 사람들이 있습니다. 바로 아담과 하와입니다.

> "여호와 하나님이 그 사람에게 명하여 이르시되 동산 각종 나무의

열매는 네가 임의로 먹되 선악을 알게 하는 나무의 열매는 먹지

말라 네가 먹는 날에는 반드시 죽으리라 하시니라" (창 2:16-17, 개

정)

하나님께서 아담에게 "너는 동산에 있는 모든 나무의 열매를 마음대로 먹어라. 그러나 선악을 알게 하는 나무의 열매만은 먹지 말아라. 만약 그 나무의 열매를 먹으면, 너는 반드시 죽을 것이다"라고 말씀하셨습니다.

하나님께서 아담과 하와를 창조하시면서 '선악과 열매를 먹을 수 있는 자유의지의 권리까지' 주신 것입니다. 그런데 자유의지로 그들은 무엇을 선택했습니까? 하나님을 대적하는 불순종의 죄를 저질렀습니다.

"여자가 그 나무를 본즉 먹음직도 하고 보암직도 하고 지혜롭게 할

만큼 탐스럽기도 한 나무인지라 여자가 그 열매를 따먹고 자기와

함께 있는 남편에게도 주매 그도 먹은지라" (창 3:6, 개정)

하와는 자신의 정체성을 망각한 채 간교하고 사악한 사탄의 생각을 받아들였고 이로 인해 하나님과의 관계가 단절되었습니다. 하나님께서 자유의지를 주신 것은 그 자유의지로 하나님을 대적하라고 주신 것이 결코 아닙니다. 오히려 자유의지를 통해 하나님을

선택하며 선한 영향력 아래 머물며 살라고 자유의지를 주신 것입니다.

그러나 아담과 하와는 하나님의 선한 뜻을 저버리고 하나님께서 금하신 선악과를 따먹었습니다. 그들은 양심에 가책을 받는 일을 자유의지로 선택했습니다.[33] 자유의지를 통해 하나님의 말씀에 불순종하는 일을 선택한 것입니다.

아담과 하와는 누구의 말을 들었습니까?

하나님의 말씀을 들었습니까[34] 아니면 사탄의 말을 들었습니까?[35] 그들은 자신의 자유의지를 통해 사탄의 것을 선택했습니다. 자유의지를 통해 악을 선택한 결과, 하나님과의 관계가 단절되었고

---

33) 자유의지와 양심 : 하나님께서 인간에서 자유의지와 함께 양심을 주신 것은, 양심이 자유의지를 통제하도록 하기 위함이었습니다. 잘못된 것, 악한 것들을 자유의지로 선택할 때 양심이 발동되어 죄책감을 느끼도록 양심을 선물로 주신 것입니다. 우리 안에 죄성이 들어올 때, 그것을 걸러내라고 양심을 주셨건만(시 16:7) 죄로 인해 양심이 무뎌져 선과 악의 분별조차도 못하는 단계에 이르렀습니다. 자유의지로 사탄의 것들을 수용하며, 죄를 짓게 되므로 양심의 기능에 마비가 온 것입니다. 양심은 인간의 자유의지를 통제하며, 여과하는 순기능을 가지고 있었으나 이제는 양심에 화인을 맞아 자유의지를 통제하는 양심의 제 기능을 잃어가고 있습니다.

34) "여호와 하나님께서 그 사람에게 명령하셨습니다. '너는 동산에 있는 모든 나무의 열매를 마음대로 먹어라. 그러나 선악을 알게 하는 나무의 열매만은 먹지 마라. 만약 그 나무의 열매를 먹으면, 너는 반드시 죽을 것이다.'"(창 2:16-17, 쉬운)

35) "여호와 하나님께서 만드신 들짐승 가운데 뱀이 가장 간사하고 교활했습니다. 어느 날, 뱀이 여자에게 와서 말했습니다. '하나님이 정말로 동산 안의 어떤 나무의 열매도 먹지 말라고 하시더냐?' 여자가 뱀에게 대답했습니다. '우리는 동산 안에 있는 나무의 열매를 먹을 수 있어. 하지만 하나님께서는 '동산 한가운데 있는 나무의 열매는 먹지도 말고 만지지도 마라. 그렇지 않으면 너희가 죽을지도 모른다'라고 말씀하셨어.' 그러자 뱀이 여자에게 말했습니다. '너희는 죽지 않아. 하나님은 너희가 그 나무 열매를 먹고 너희 눈이 밝아지면, 선과 악을 알게 되어 너희가 하나님과 같이 될까 봐 그렇게 말씀하신 거야.'"(창 3:1-5, 쉬운)

그들은 두려움으로 하나님을 피해 숨었습니다.[36] 수치심이 생겼습니다.[37] 타인을 비난하는 자가 되었습니다.[38] 종국에는 살인까지도 일어났습니다.[39] 하나님의 선한 영향력을 떠나 사탄의 영향력으로 떨어진 것입니다.

무엇보다도 사탄의 간교한 생각을 수용한다면, 사탄의 생각이 우리를 잠식해 나가기 시작합니다. 사탄은 하나님의 선한 영향력과 은혜를 접하지 못하도록 차단하는 일부터 시작합니다. 하나님께서는 하나님의 일반적인 은총과 은혜를 이 세상 가운데 쏟아 부어 주고 계시지만 우리가 자유의지를 통해 사탄의 간교한 생각, 완악한 생각, 완고한 생각을 수용하는 것입니다. 만약 계속적으로 사탄의 생각들을 받아들인다면 하나님의 선한 영향력과 은혜가 투영될 수 있는 경로가 점진적으로 차단되게 됩니다.

이러한 악순환이 계속될 때, 불신자들은 하나님의 은혜를 망각하게 됩니다. 더 이상 하나님의 은혜를 느낄 수가 없게 되므로 하

---

36) "아담이 대답했습니다. '제가 하나님의 소리를 들었지만 벌거벗었기 때문에 두려워서 숨었습니다.'"(창 3:10, 쉬운)
37) "그러자 두 사람의 눈이 모두 밝아졌습니다. 그들은 자기들이 벌거벗고 있다는 것을 깨닫고, 무화과나무 잎을 엮어서 옷을 만들어 몸을 가렸습니다."(창 3:7, 쉬운)
38) "아담이 대답했습니다. '하나님이 저에게 주신 여자가 그 나무 열매를 줘서 먹었습니다.'"(창 3:12, 쉬운)
39) "가인이 자기 동생 아벨에게 '들로 나가자' 하고 말했습니다. 그들이 들에 나가 있을 때에 가인이 자기 동생 아벨을 쳐죽였습니다."(창 4:8, 쉬운)

나님의 존재조차도 불신하게 됩니다. 종국에는 영의 통로가 완전히 막혀 하나님을 대적하는 자리까지도 서게 되는 것입니다.

반면 신자들은 하나님의 영향력 안에서 사탄의 생각들을 차단하며 대적하고 있기 때문에 하나님의 선한 생각들이 그들에게 비춰지게 됩니다. 그러할 때 하나님의 영향력은 갑절로 커지게 되면서 하나님의 음성을 들을 수 있으며, 하나님의 뜻을 스스로 자각할 수 있게 됩니다. 하나님의 은혜를 체험하며 이 땅에서도 천국을 누리며 살게 되는 것입니다.

지금 우리는 자유의지를 통해 무엇을 선택하며 살아갑니까? 하나님께서 기뻐하시는 선한 것들을 선택하며 살아갑니까? 사탄이 뿌려 놓은 부정적이며 악한 것들을 자유의지로 선택하며 살아갑니까? 때때로 선과 악의 경계를 넘나들며, 자유의지를 통해 선택하며 살아갈 것입니다. 그렇기 때문에 자유의지는 때로는 축복일 수 있으나 때로는 저주로 다가올 수도 있습니다. 자유의지로 사탄의 것들을 선택해 나간다면 사탄이 잠입할 수 있는 통로가 더 강하게 열리기 때문입니다.

🍂 자유의지와 자살의 문제

여기서 자유 의지의 관점으로 자살의 문제를 조명해 본다면 과연 어떨까요?

아무리 벼랑 끝에 매달려 있는 심경일지라도 자유의지를 통해 자살을 선택하길 하나님께서 바라실까요? 하나님께서 선물로 주신 자유의지로, 하나님께서 주신 존귀한 생명을 끊는 선택을 과연 기뻐하실까요?

우리의 머리털 하나까지도 섬세히 세고 계시는 하나님께서는 우리의 모든 환경과 상황을 정확히 알고 계십니다. 하나님께서는 이렇듯 곤고한 상황에 빠져 있는 우리가 무엇을 바라보아야 할지 이미 분명한 메시지를 주셨습니다.

> "야곱아 너를 창조하신 여호와께서 지금 말씀하시느니라 이스라엘아 너를 지으신 이가 말씀하시느니라 너는 두려워하지 말라 내가 너를 구속하였고 내가 너를 지명하여 불렀나니 너는 내 것이라 네가 물 가운데로 지날 때에 내가 너와 함께 할 것이라 강을 건널 때에 물이 너를 침몰하지 못할 것이며 네가 불 가운데로 지날 때에 타지도 아니할 것이요 불꽃이 너를 사르지도 못하리니 대저 나는 여호와 네 하나님이요 이스라엘의 거룩한 이요 네 구원자임이라 내가 애굽을 너의 속량물로, 구스와 스바를 너를 대신하여 주었노라" (사 43:1-3, 개정)

하나님께서 "너는 두려워하지 말라 내가 너를 구속하였고 내가 너를 지명하여 불렀나니 너는 내 것이라"고 말씀하십니다. 물 가운데로 지날 때도, 강을 건널 때도, 불 가운데로 지날 때에도 우리와 함께 하시며 지켜 주시겠다고 하셨습니다. 하나님께서 불구덩이에 빠진 우리를 친히 건져내 주시겠다고 하셨습니다. 불과 물이 해하지 못하도록 친히 막아 주시겠다고 약속하셨습니다. 힘들고 어려울 때 하나님을 바라보며 의지하라고 하셨습니다.

하나님께서는 아무리 힘들고 고통스러울지라도 자유의지를 통해 하나님을 선택하길 기대하십니다. 절대로, 절대로 절망의 끝에서 좌절한 채 무너지지 말라고 당부하십니다. 이것이 낙망의 끝자락에서 자살을 결단하는 이들에게 주시는 하나님의 사랑과 위로의 메시지입니다.

그렇다면 좌절의 벼랑 끝에 있을 때 뛰어 내리도록 자살을 부추기는 존재는 누구일까요? 바로 사탄입니다.

사탄은 광야에서 40일 동안 금식하고 계신 예수님께도 "벼랑 끝에서 뛰어 내려 보라"고 말했습니다(마 4:5-6).[40] 힘들고 어려운 상황

---

40) "그러자 마귀는 예수님을 거룩한 성으로 데리고 가서 성전 꼭대기에 세웠습니다. 마귀가 말했습니다. "만일 당신이 하나님의 아들이라면 뛰어내리시오. 성경에 '하나님께서 당신을 위해 천사들에게 명령하실 것이다. 그들은 손으로 당신을 붙잡아 발이 돌에 부딪히지 않도록 할 것이다'라고 기록되어 있소.'"(마 4:5-6, 쉬운)

에서 보호하고 위로하는 것이 아니라, 오히려 뛰어 내리라고 한 것입니다. 바로 이것이 사탄의 음성입니다. 삶의 막다른 벼랑 끝에 섰을 때 사탄은 힘내라고 절대 위로하지 않습니다. 뛰어 내리라고 합니다. 죽으라고 합니다. '죽으면 끝난다. 죽으면 편하다'는 음성을 넣어주는 것입니다. 사탄은 이러한 음성을 통해 막다른 환경에 내몰린 사람들에게 '자유의지를 통해 자살을 선택하도록' 충동질을 하는 것입니다.

많은 사람들이 자살을 선택합니다. 우리 아버지, 큰 오빠, 작은 오빠, 사촌 여동생도 자신의 자유의지를 통해 결국 자살을 선택했습니다. 가룟 유다도 예수님을 팔았다는 죄책감으로 시달리고 있을 때 사탄이 생각을 통해 공격했고, 그 결과 자살로 이어졌습니다. 결국 자살의 통치자는 바로 사망의 권세 잡은 자, 죽음의 영인 사탄입니다.

그러나 사탄은 직접적으로 사람을 죽일 능력과 권세는 없습니다. 단지 자살을 선택하도록 환경과 문제를 주도해 나가는 것입니다. 사탄이 욥의 환경을 공격함으로 그가 죽고 싶은 마음이 들도록 유도했던 것처럼, 환경과 상황과 개인적인 문제들을 일으킴으로 자살을 선택하도록 주도해 나간다는 것입니다. 이때 자유의지를 통해 자살을 선택한다면 그 사람의 통치자는 사탄이 되는 것입니다.

이와 반대로 고통스러운 상황에서도 자살이 아니라 하나님의 선한 것들을 선택하며 신뢰한다면 과연 어떤 일이 일어날까요?

> "한밤중에 바울과 실라가 기도하고 하나님을 찬송하매 죄수들이 듣
> 더라 이에 갑자기 큰 지진이 나서 옥터가 움직이고 문이 곧 다 열
> 리며 모든 사람의 매인 것이 다 벗어진지라" (행 16:25-26, 개정)

사도 바울은 심한 매질로 육신이 너무나 고통스러웠습니다. 더욱이 감옥에 갇혀 어찌할 바를 알지 못하는 막막한 상황이었습니다. 하지만 그는 기도하고 찬송하며 하나님만을 예배했습니다. 막다른 환경에서의 예배는 하나님만을 의지하겠다는 믿음의 표현입니다. 사도 바울은 막다른 환경과 상황을 뛰어넘어 하나님만을 바라보며 신뢰한 것입니다. 그때, 갑자기 감옥이 흔들릴 정도의 큰 지진이 발생했고, 굳게 닫혀 있었던 감옥 문이 기적처럼 열렸습니다.

사탄은 막다른 환경과 문제들 앞에 직면한 우리에게 '뛰어 내려 보라'고 말합니다. '죽으면 끝이다. 죽으면 편하다'고 말합니다. 그러나 이때야말로 눈을 들어 하늘을 바라보아야 할 때입니다. 자유의지를 통해 하나님의 것을 선택해야 할 때입니다. 자유의지를 통해 하나님을 선택할 때 하나님께서 도우실 수 있는 길을 여는 것입니다.

"하나님 도와주세요! 이 절망의 늪에서 나를 건져 주세요!"

소리치며 울부짖으십시오. 하나님께서는 절대 그 절규를 외면하지 않으십니다. 홍해를 갈라 길을 내셨던 하나님께서 절망의 순간을 희망으로 바꿔 나가십니다. 우리가 자유의지를 통해 무엇을 생각하며 선택하느냐에 따라 삶의 결과가 희망이 될 수도, 절망의 나락에 빠질 수도 있다는 것을 기억하십시오.

✿ 구원의 열쇠, 예수 그리스도

인간은 산고의 진통 속에서 태어난 존재이므로 그 누구나 예외 없이 고통 속에서 이 세상을 살아갑니다. 저마다의 고통의 강도만 다를 뿐입니다. 그럼에도 불구하고 주변을 둘러보면 여전히 자신의 고통 속에 갇혀 신음하고 있는 사람들이 넘쳐납니다. 죽을 것 같은 고통스러운 현실 때문에 그들은 부르짖습니다. 고통의 벽속에 갇혀 몸부림치다 결국 자살을 생각합니다.

삶을 지탱해 주는 힘의 원천은 바로 희망입니다. 만약 희망을 찾지 못한다면 삶의 목적과 방향도 잃어버리게 됩니다. 자신의 문제를 아무도 해결할 수 없음에 낙담하면서 삶과 죽음의 기로에서 자살을 떠올리는 것입니다.

사실 어쩌면 그 누구도 현재 자신이 처한 문제를 해결해 줄 수 없을지도 모릅니다. 가족도, 친구도, 그 어떤 누구도 자살을 생각하고 있는 사람을 도와줄 수 없을지도 모릅니다.

하지만 우리에게 아직도, 여전히 희망은 남아 있습니다. 비록 한치 앞도 볼 수 없는 암흑 속에서 희망의 불씨가 꺼져 버렸지만, 여전히 그분은 빛을 비춰주고 계십니다. 홀로 외로이 고통 속에서 서럽게 울고 있는 우리의 손을 잡아 주시며 함께 울어 주십니다. 절망의 늪에 빠진 우리에게 아직도, 여전히 손을 내밀고 계십니다.

자신에게 더 이상 희망은 존재하지 않는다고 생각하고 있습니까? 아니요, 절대로 그렇지 않습니다. 아직도, 여전히 우리에게 희망은 남아 있습니다.

> "예수께서 이르시되 내가 곧 길이요 진리요 생명이니 나로 말미암
> 지 않고는 아버지께로 올 자가 없느니라" (요 14:6, 개정)

예수님께서는 길이요, 진리요, 생명입니다. 우리의 유일한 희망입니다.

만약 예수님을 통해서도 자신의 문제를 해결 받지 못했다고 말하는 사람이 있다면, 그 사람은 온전히 예수님을 경험하지 못했기 때문입니다. 이 세상에 예수님을 통해 해결 받지 못할 문제는 존재하지 않습니다. 아무리 능력이 없을지라도, 설령 폐인처럼 사회에서 낙오되었을지라도, 재정의 궁핍으로 생계가 막막할지라도, 질병

으로 온 몸이 만신창이가 되었을지라도 예수님을 인격적으로 만난다면 그 순간부터 회복이 일어납니다. 새 사람으로 변화됩니다. 죽을 것 같은 목마름도, 주님께서 주시는 생수로 목을 축일 때 그 순간 고통은 사라집니다. 절망이 희망으로 변화됩니다. 비참하리만큼 절망스러운 상황을 서서히 바꿔 사막의 한가운데에서 샘물이 나도록 도와주십니다. 희망의 물꼬를 터주십니다.

회복의 열쇠, 기도

많은 사람들이 자살의 충동으로부터 벗어나기 위해 몸부림칩니다. 하지만 그런 몸부림에도 불구하고 여전히 자살의 충동에 휩싸여 세상 속에서 점점 더 고립되어 갑니다. 자신의 문제와 환경에 집중하면서 죽을 수밖에 없는 이유들을 찾아갑니다. 그러다가 어느 순간 '자살이 최선의 선택이야'하며 결론을 내리게 됩니다.

이런 결론을 내리기까지 악한 영들은 생각을 주입하며 지속적인 공격을 퍼붓습니다. 그렇기 때문에 혼자 힘으로 자살의 충동으로부터 벗어난다는 것은 결코 쉽지 않은 일입니다. 누군가 옆에서 자살의 충동으로부터 그들을 탈출시킬 수 있도록 도와주어야 합니다.

만약 주변의 누군가가 자살의 충동에 사로잡혀 있는 상태라면, 그 사람을 위해 기도하십시오. 금식하며 중보 하십시오. 자살의 늪에 빠진 사람을 위해 누군가 눈물을 뿌리며 진심으로 기도한다면, 하나님께서는 그 기도를 통해 반드시 역사해 주십니다. 설령 그 사람이 자살을 시도한다 할지라도 누군가 중보하며 기도하는 사람이 있다면 그 자살은 실패하게 되어 있습니다. 하나님께서 그 기도를 들어 자살을 막으시기 때문입니다.

성경에 보면 실족했던 베드로가 좌절을 이겨낼 수 있었던 비밀이 기록되어 있습니다.

> "시몬아, 시몬아, 보라 사탄이 너희를 밀 까부르듯 하려고 요구하였
> 으나 그러나 내가 너를 위하여 네 믿음이 떨어지지 않기를 기도하
> 였노니 너는 돌이킨 후에 네 형제를 굳게 하라" (눅 22:31-32, 개정)

베드로는 예수님을 3번씩이나 부인하여 그 일로 낙심하고 좌절했습니다. 그런데 예수님께서는 실족한 베드로를 사탄이 공격할 것이라는 것을 미리 알고 계셨고(눅 22:31) 베드로의 믿음이 꺾이지 않도록 기도하셨습니다. 베드로가 예수님을 부인하고 난 후 사탄이 밀 까부르듯이 공격할 때 베드로가 실족하고 넘어지지 않도록 예수님께서 기도하셨던 것입니다. 베드로 역시도 가룟 유다처럼 좌절하여 자살로 이어질 수도 있었던 상황이었지만 결국 베드로는 실족에서 벗어나 다시 일어섰습니다. 베드로가 회복될 수 있었던 것은 그의 충성이나 노력 때문이 아니었습니다. 베드로를 향한 예

수님의 변함없는 사랑과 기도로 인해 회복될 수 있었던 것입니다.

예수님께서 실족할 베드로를 위해 기도하셨던 것처럼, 우리도 자살의 생각을 품고 있는 가족을 위해 기도해야 합니다. 이웃을 위해 중보해야 합니다. 자살의 수렁에 빠져 헤매는 누군가를 위해 중보하며 금식할 때, 하나님께서는 반드시 도움의 손길을 보내 주십니다. 자살의 시도를 무력화시켜서라도, 죽음의 구렁텅이에 빠진 사람을 반드시 건져 내십니다.

성경에 보면 귀신들린 아이의 이야기가 나옵니다.

> "이에 그들이 제자들에게 와서 보니 큰 무리가 그들을 둘러싸고 서기관들이 그들과 더불어 변론하고 있더라 온 무리가 곧 예수를 보고 매우 놀라며 달려와 문안하거늘 예수께서 물으시되 너희가 무엇을 그들과 변론하느냐 무리 중의 하나가 대답하되 선생님 말 못하게 귀신 들린 내 아들을 선생님께 데려왔나이다 귀신이 어디서든지 그를 잡으면 거꾸러져 거품을 흘리며 이를 갈며 그리고 파리해지는지라 내가 선생님의 제자들에게 내쫓아 달라 하였으나 그들이 능히 하지 못하더이다 대답하여 이르시되 믿음이 없는 세대여 내가 얼마나 너희와 함께 있으며 얼마나 너희에게 참으리요 그를 내게로 데려오라 하시매 이에 데리고 오니 귀신이 예수를 보고 곧 그 아이로 심히 경련을 일으키게 하는지라 그가 땅에 엎드러져 구르며 거품을

흘리더라 예수께서 그 아버지에게 물으시되 언제부터 이렇게 되었느냐 하시니 이르되 어릴 때부터니이다 귀신이 그를 죽이려고 불과 물에 자주 던졌나이다 그러나 무엇을 하실 수 있거든 우리를 불쌍히 여기사 도와 주옵소서 예수께서 이르시되 할 수 있거든이 무슨 말이냐 믿는 자에게는 능히 하지 못할 일이 없느니라 하시니 곧 그 아이의 아버지가 소리를 질러 이르되 내가 믿나이다 나의 믿음 없는 것을 도와 주소서 하더라 예수께서 무리가 달려와 모이는 것을 보시고 그 더러운 귀신을 꾸짖어 이르시되 말 못하고 못 듣는 귀신아 내가 네게 명하노니 그 아이에게서 나오고 다시 들어가지 말라 하시매 귀신이 소리 지르며 아이로 심히 경련을 일으키게 하고 나가니 그 아이가 죽은 것 같이 되어 많은 사람이 말하기를 죽었다 하나 예수께서 그 손을 잡아 일으키시니 이에 일어서니라" (막 9:14-27, 개정)

본문 내용을 잠시 살펴보면, 악한 귀신이 들려 오랫동안 고생하고 있던 아이를 가진 부모가 예수님의 소문을 듣고 아이와 함께 찾아 왔습니다. 이 아이는 귀신들림으로 인해 말을 하지 못했습니다. 심지어 귀신이 강하게 역사할 때에는 입에 거품을 물고 이를 갈면서 몸이 뻣뻣해 지기도 했습니다. '귀신이 아이를 죽이려고 불과 물에 자주 던졌다'고 아이 아버지는 말했습니다. 도저히 온전한 사람의 형태로 살아갈 수 없었으며, 귀신에 의해 육체적 고통을 당하고 있었던 것입니다.

아이의 아버지도, 주변 사람들도 귀신에게 사로잡혀 자신의 몸을 해하고 있는 아이의 모습을 바라만 볼뿐 아이를 귀신으로부터 해방시킬 수 없었습니다. 심지어 예수님의 제자들조차도 귀신을 쫓아내지 못했습니다.

그런데 귀신들린 아이의 아버지는 자녀를 위해 끈질긴 집념과 인내를 가지고 예수님께 나아갔습니다. 자신의 자녀가 회복될 수만 있다면 어떤 비난도, 조소도 견딜 수 있었습니다. 자식을 회복시키고자 하는 뜨거운 열정을 가지고 예수님께 매달렸습니다.

그 결과 예수님께서는 아버지의 간구에 응답하셨고 그 아이의 삶에 직접 개입하셨습니다. 그 어떤 누구도 귀신의 영향력을 끊지 못했지만 예수님의 명령으로 단번에 모든 더러운 귀신의 영향력이 끊어졌습니다. 귀신의 속박으로부터 해방되었습니다. 예수님의 권세로 완전한 회복과 치유가 일어났습니다. 이것이 예수님을 의지할 때 일어나는 일입니다.

아직도, 여전히 자살의 충동으로 인해 스스로 통제할 수 없을 만큼 고통스러우십니까?

예수님께 나아오십시오. 아이의 아버지처럼 "예수님만이 나의 이 모든 문제를 해결하실 수 있다"는 믿음으로 예수님께 도와 달라고 부르짖으며 기도하십시오.

베드로를 위해 기도하신 예수님께서 지금도, 여전히 우리를 위해 중보하고 계십니다. 귀신들린 아버지의 간구를 외면치 않고 귀신의 속박으로부터 해방시키셨던 예수님께서 지금도, 여전히 우리를 위해 군대대장으로 싸워주고 계십니다.

예수님을 의지할 때 비로소 기적의 문은 열립니다. 우리의 울부짖음을 절대 외면하지 않으십니다. 죽을 만큼 고통스러워 눈앞에 '자살'이라는 단어가 아른거릴 때, 그 죽음의 저주에서 건져주실 분은 오직 예수님 밖에 없습니다. 우리의 유일한 희망은 오직 예수 그리스도십니다!

✾ 자살 충동으로부터 탈출하기

무엇보다도 자살의 충동으로부터 벗어날 수 있는 최상의 방법은 본인 스스로 하나님께 매달리며 하나님을 바라보는 것입니다.

나는 평생을 자살의 늪에 빠져 허우적거리며 그 깊은 수렁에서 빠져 나올 수 없었던 사람이었습니다. 자살의 충동에 휩싸인 채, 날마다 자살을 꿈꿨습니다. 처음 자살의 생각이 떠올랐을 때 나는 고개를 절레절레 흔들며 '내가 왜 죽어? 나는 살 거야'하며 강력히 그 생각을 거부했습니다. 그런데 시간이 갈수록 자살을 동경하게 되었습니다. 자살을 꿈꾸며, 죽음 이후의 평안함을 만끽하고 싶어졌습니다. 결국 '죽으면 편하겠다'는 생각을 뼈 속까지 받아 들였습니다.

사실 처음부터 자살을 동경했던 것은 아니었습니다. 내 나이 10살, 아버지가 자살했을 때에는 죽음은 내게 두려움과 공포로 다가왔습니다. 둘째 오빠가 자살했을 때 역시도 죽음은 여전히 저주였습니다. 그런데 큰 오빠의 자살이후 상황은 조금씩 달라졌습니다. 큰 오빠의 자살 이후부터는 죽음을 생각하면 오히려 편안했습니다.

'죽으면 이 모든 고통은 다 사라질 거야. 죽으면 모든 것이 편안해질 거야.'

이 음성이 오히려 내게 안도감을 주었습니다.[41] 큰 오빠의 자살

---

41) 흔히 사람들은 두려움에 가득 찬 상태로 자살을 실행할 것이라고 생각하지만 꼭 그렇지만은 않습니다. 아마도 분명 자살까지 치닫는 환경은 그들에게 고통의 연속이었을 것입니다. 그러나 자살을 결단하며 실행하는 그 순간에는 자살 이후에 편안함에 대해 그리워합니다. '자살하고 나면 이 모든 고통에서 분명 해방될 거야'하며 자살을 동경하게 됩니다. 이미 그에게 자살과 죽음은 더 이상 두려움의 대상이 아닙니다. 죽음 이후에 창공을 자유롭게 날아다니는 꿈을 꾸며 자살을 실행하는 것입니다. 만약 아직도 자살, 그리고 죽음에 대해 두려움과 공포를 갖고 있다면 설령 지금 자살을 생각하고 있을지라도 아직까지는 안전한 상태입니다. 자살의 영에게 완전히 잡히지 않은 것입니다. 반대로 자살과 죽음이 전혀 두렵지 않고 오히려 죽음을 동경하고 있다면 이미 상당부분 자살의 영에게 사로잡힌 상태입니다. 악한 영들이 뿌리는 죄성은 처음에는 불안함과 두려움으로 다가가지만, 악한 영들에게 점점 더 잠식되어 갈 때 그 안에서 쾌감과 쾌락을 느끼도록 주도해 나가는 것입니다. 악한 영들이 쾌락이라는 감정을 우리에게 선물하지 않는다면 아마도 이 세상의 모든 악한 중독들은 존재하지 않을 것입니다.

이후부터 나는 본격적으로 악한 영으로부터 자살의 음성을 주입받았던 것입니다. 영의 세계와 영의 존재에 대해 전혀 알지 못했던 그 당시의 나로서는 어둠의 권세가 주는 자살의 생각을 거부할 수 없었습니다. 자살의 생각이 떠오를 때마다 '내가 왜 자꾸 자살을 생각하고 있지'하며 거부했지만 시간이 갈수록 자살의 생각과 충동에 사로잡혀 결국 자살을 꿈꾸는 단계까지 이르게 되었습니다. 사랑하는 남편에게, 사랑하는 딸에게, 사랑하는 가족에게 유서를 쓰며 자살을 꿈꿨습니다.

죽은 오빠들을 향한 그리움이 밀려올 때마다 나는 가슴을 도려내는 것 같은 고통을 느꼈습니다. 오빠들과 함께 울고 웃었던 그 모든 추억들은 오히려 날카로운 비수가 되어 내게 꽂혔습니다. 한이 서리도록 오빠들이 그리웠지만 더 이상 오빠들을 볼 수 없다는 현실이 나를 좌절하게 했습니다. 그 순간부터 나는 자살을 꿈꿨습니다.

그런데 신기한 것은 '자살'이라는 단어가 떠오를 때마다 하나님이 불현듯 떠오르곤 했다는 것입니다. 순간순간 하나님이 떠오르면서 하나님께 매달리며 의지하고픈 생각도 들었습니다.

그동안 나는 하나님을 부르짖으며 간절히 기도한 적이 거의 없었습니다. 그런데 막상 자살을 실행하고자 할 때 갑자기 하나님께 의지하고픈 생각이 나를 감쌌습니다. 나는 진심을 다해 하나님을 애타게 찾았습니다.

"하나님! 나 좀 도와주세요. 죽을 것만 같아요. 내 힘으로는 이 고통을 이겨낼 수가 없어요. 자살의 충동으로부터 나를 꺼내 주세요!"

나는 하나님께 부르짖으며 하나님 앞에서 한없이 울고 또 울었습니다. 도대체 내가 왜 이렇게 울고 있는지 나도 잘 이해할 수 없었습니다. 그저 하염없이 눈물이 흘러내릴 뿐이었습니다. 통곡만이 흘러나올 뿐이었습니다. 그때 나는 의도적으로 하나님을 생각한 것이 절대 아니었습니다. 자살의 음성과 충동이 나의 온 몸을 관통하고 있었을 때 나도 모르게 하나님이 불현듯 떠올랐습니다. 내 영이 하나님을 애타게 찾고 부르짖었던 것입니다. 그때의 통곡은 내 영의 통곡이었던 것입니다.[42]

그 순간 이후부터 하나님께서는 내 삶에 직접적으로 간섭하셨습니다. 아마도 자살의 올무에 묶여 자살을 시도하려 할 때 불현듯

---

42) 영의 통곡 : 영의 통곡을 가장 선명하게 들을 수 있는 순간은 바로 죽음 직전입니다. 그 영이 천국으로 갈지, 지옥으로 갈지, 자신이 가야 할 목적지를 미리 아는 것입니다. 우리는 영혼과 육체가 분리된 사망 이후에는 천국과 지옥으로 갈라져 영생의 세계에서 살게 됩니다. 영은 사망 후, 심판의 결과에 따라 자신이 어디로 가야 하는지 아는 것입니다. 그렇기 때문에 사망 권세에 매여 살다가 하나님의 은혜로 거듭났을 때 나타나는 첫 번째 반응이 감격이며 감사인 것입니다. 우리가 거듭나 성령께서 우리 안에 내주하실 때부터 영이 활성화되어 하나님의 갈망들을 채워나가면서 나오는 눈물이며 감격인 것입니다. 반대로 사탄의 도구로 사용되다 죽음을 맞이했을 때 그 영이 가는 곳이 지옥인 것을 미리 알기에 죽기 직전에 영이 통곡하는 것입니다. 마지막 죽음 직전 그 영이 자신을 지옥으로 끌고 가기 위해 마중 나온 지옥사자들을 보기 때문에 통곡하며 울부짖는 것입니다. 그래서 구원받지 못한 상태로 지옥으로 끌려가는 사람의 경우, 두려움과 공포가 깃든 채 일그러진 모습으로 운명하는 것입니다. 영의 통곡이 마지막 죽음 직전 육체가운데 여실히 나타나는 것입니다.

하나님이 떠올랐던 것은 사랑하는 나의 가족이, 이웃이 나를 위해 끊임없이 기도했기 때문일 것입니다. 그 기도를 들으신 하나님께서 낭떠러지 끝에 매달려 죽어가고 있던 나를 끌어 올리시며, 내 손을 붙잡아 주셨던 것입니다. 하나님께서는 그 순간 이후로 붙잡은 그 손을 절대 놓지 않으셨습니다. 오로지 하나님의 은혜로 나는 자살의 저주로부터, 올무로부터 해방될 수 있었습니다.

그러나 여기서 기억해야 할 영적 원리가 있습니다.

만약 우리가 예수님을 의지하고 나갈 때 그 순간 사탄의 통치권은 끊어집니다. 하지만 '우리의 내면의 죄성'까지 다 끊어지는 것은 아니라는 것입니다.[43]

강력한 기도로 인해 사탄의 영향력은 끊어지지만 내면의 죄성은 여전히 남아 있을 수 있다는 것입니다. 그래서 다시 계속해서 죄를 짓는다면, 또 다시 사탄이 그 죄를 통해 역사하게 됩니다. 이러한 영적인 원리를 명확하게 알고 있어야 합니다.

많은 사람들이 하나님께 부르짖음으로 은혜를 체험하지만 죄성으로 인해 여전히 죄 속에 거하게 되므로 다시 사탄의 통치를 받게 되어 오히려 처음보다 더 악화된 상황까지도 이르게 되는 것입니

---

43) 이것을 신학적으로는 원죄라고 부릅니다. 아담과 하와가 죄를 지은 후 그 원죄의 영향이 우리 안에 죄성으로 남아 영향을 끼치는 것입니다.

다. 이는 하나님께서 무능해서가 아니라, 자유의지를 통해 우리가 다시 죄를 선택하기 때문입니다. 사탄이 자신의 삶 속에 영향력을 행사하도록 통로를 또 다시 열기 때문입니다.

그렇기 때문에 자살의 충동이나 문제들로부터 온전한 해결을 받기 위해서는 지속적인 기도와 회개가 필요합니다. 죄성이 발동하여 죄를 지을 때마다 돌이켜 회개하며 하나님 앞에 다시 서야 합니다. 이렇게 할 때 하나님의 선한 영향력권 안에서 우리는 보호를 받게 됩니다. 이와 함께 하나님의 선한 것들을 선택하며 행동해 나간다면 악한 사탄의 영향력은 점진적으로 소멸되어 사라지게 됩니다. 더 이상 자살의 생각과 충동, 우울, 낙심과 좌절의 생각들이 틈타지 못하는 것입니다.

우리는 기억해야 합니다. 자살은 사회적, 환경적, 개인적인 문제로 기인된 사건인 것 같지만, 자살의 이면에 사탄의 공격이 숨어 있다는 것을 말입니다. 만약 이러한 숨겨진 비밀을 알지 못하고 자살을 생각하며 결단하는 사람이 있다면, 그 길을 돌이켜 하나님의 선한 영향력 아래로 나오십시오.

그리 어렵지 않습니다. 하나님께 도움을 요청하기만 하면 됩니다.

"하나님! 내가 너무 고통스럽습니다. 죽고 싶은 생각만 듭니다. 내 안에 너무나 많은 상처와 고통이 있습니다. 그러나 이제 이러한 생각이 내 생각이 아니라 악한 사탄으로부터 온다는 것을 알았습니다. 하나님! 자살의 충동으로부터 벗어나게 해주세요. 나를 건져주세요. 제발! 도와주세요!"

하나님께 긴급 구조 요청(SOS)을 보내십시오. 그리고 믿음을 가지고 이렇게 선포하십시오.

"예수 그리스도 이름으로 명령하노니 이 더러운 자살의 영아! 나에게서 떨어져 나갈지어다. 내 생명의 주인은 오직 하나님이시니, 더러운 자살의 영아! 내 삶 속에서 영원히 결박될지어다!"

지금! 바로 선포하십시오. 이 선포로 인해 자살의 충동으로부터 자유로워질 것입니다. 당신을 둘러쌓고 있는 자살의 기운들은 물러갈 것입니다. 하나님의 강한 임재가 여러분을 덮을 것입니다.

하나님은 전능하신 분이십니다. 하나님만을 신뢰하십시오. 하나님만을 의지하십시오. 반드시 회복이 일어납니다. 삶에 변화가 일어날 것입니다!

사랑하는 여러분...

부탁합니다. 제발! 제발! 자살하지 마세요.

Chapter 5

자살, 그리고
남겨진 이들의 이야기

🦋 남겨진 가족, 어머니

　옛 속담에 '자식이 죽으면 가슴에 묻는다'고 했습니다. 가슴을 도려내는 그 애통함을 과연 그 누가 짐작이나 할 수 있을까요? 자식을 먼저 보낸 멍에를 짊어진 이들은 그 아픔을 발설하는 것조차도 고통이므로 가슴에 묻고 삽니다. 질병도, 사고도 아닌 자살로 부모보다 자식이 앞섰다면 그 순간부터는 살아 있어도 죽은 목숨입니다. 부모 가슴에 대못을 박는 것이나 매한가지입니다. 빼낼 수도 없는 총알을 가슴에 깊이 박고 사는 것처럼 상상을 초월한 고통의 삶이 시작되는 것입니다. 자살은 남아 있는 가족의 가슴에 피멍을 내는 일입니다.

우리 어머니가 그랬습니다. 아버지의 자살 후 의연했던 어머니는 둘째 오빠가 자살하자 무참히 무너져 내렸습니다. 남편을 대신했던 효자 아들을 먼저 저 세상으로 보낸 후 한동안 넋을 잃고 사셨습니다. 둘째 오빠가 그렇게 홀쩍 우리 곁을 떠난 지 2년 후, 큰오빠마저도 자살로 잃어버리자 어머니는 이렇게 통곡하며 실신하셨습니다.

"내가 죄가 많아 내 아들들이 다 죽었어. 내 팔자가 사나워서 생떼 같은 내 자식들이 다 죽은 거야. 내가 죽인 거야. 내가 죄가 많아서... 내가 죄인이야."

홀로 남겨진 어머니... 죄인이 되었습니다.

"한 명도 아니고, 세 명씩이나 줄줄이 자살하는 것을 보니 저 집에 분명 무슨 문제가 있었을 거야. 저 아줌마, 팔자 정말 사납네."

세상 사람들의 시선에서 어머니는 도망치고 싶어 했습니다. 어머니는 세상 속에서 고립된 채 자신만의 골방으로 숨어들었습니다. 혈육, 친척, 이웃들의 따가운 눈총을 피해 숨었습니다. 순간순간 파도에 휩쓸려 떠내려 오는 죽은 자식들을 향한 추억의 잔상 때문에 고통스러워했습니다. 추억은 고통이 되어 가시처럼 어머니를 찔러 댔습니다. 그때마다 어머니는 풀썩 주저앉아 통곡했습니다. 가슴을 찢으며 한참을 통곡하다 지쳐 잠이 들었습니다. '자식을 죽였다'는 자책과 후회, 분노의 감정 속에서 살기 위해 몸부림쳐야 했습니다.

홀로 남겨진 어머니... 결국 죄인으로 살았습니다.

세상 사람들은 어머니를 보며 박복한 사람이라고 했습니다. 팔자가 사납다고 수군거렸습니다. 어머니는 점점 병들어 갔습니다. 그러나 하나님께서는 결코 어머니를 고아처럼 홀로 두며 외면하지 않으셨습니다.

"사랑하는 내 딸아, 더 이상 슬퍼하지 말아라. 울지 말아라."

하나님께서는 세상과 단절된 채 살고 있는, 한 많은 죄인을 다시 세상 속에 끄집어내는 일을 시작하셨습니다. 인간의 이성과 상식으로는 도저히 설명할 수 없는 일들을 하나님께서 행하시며 어머니의 인생가운데 친히 개입하셨습니다.

그동안 어머니는 함바식당을 거쳐 장안동 식당까지 10여년간 밥장사를 했습니다. 남겨진 3식구의 입에 풀칠만 해도 감지덕지라고 어머니는 생각했습니다. 그런데 하나님께서는 마치 욥을 축복해 주셨던 것처럼 어머니의 재정을 차고 넘치게 채워 주셨습니다. 그 덕분에 서울 한남동에 어엿한 집도 2채나 사게 되었습니다.

하나님께서는 세미한 음성으로 어머니에게 '가난하고 병든 자, 소외된 자를 돌보아라'하시며 사명을 주셨습니다. 그 말씀에 어머니는 이렇게 서원하셨답니다.

"아들 딸, 둘 다 대학 보내고 나면 가난하고 소외된 사람들을 돌보며 함께 살게요."

그 서원은 한남동 집에서 '새생명의 집'이라는 공동체를 운영하는 것으로 서원을 지켰습니다.

'새생명의 집' 공동체를 시작하고 나서 처음 함께 살게 된 사람이 바로 명숙 자매입니다. 명숙 자매는 정신장애 1급으로 자폐증과 우울증을 앓고 있는 자매였습니다. 어머니의 지인의 딸이었던 그 자매는 28년 동안 골방에 갇혀 있었기 때문에 대소변도 가릴 수 없는 심각한 상태였습니다. 4살 때, 뜨거운 물에 빠져 죽어가던 강아지를 본 충격으로 자폐증을 앓게 되었다고 했습니다. 그 당시 적절한 치료만 받았다면 이렇게까지 심각해지지 않았을 거라며 어머니는 갇혀 있는 명숙 자매를 공동체로 데려 왔습니다.

그리고 그때부터 그 자매를 세상에 내보내는 훈련을 시작했습니다. 어머니는 명숙 자매의 손을 잡고 여의도 순복음 교회에서 운영하는 장애인 학교를 함께 다녔습니다. 하루, 이틀, 한 달, 일 년. 명숙 자매의 손을 잡고 장애인 학교를 함께 다녔습니다. 마치 죽은 아들을 대하듯 명숙 자매를 친딸처럼 대했습니다. 세상과 소통한 지 3년 정도가 지나자 명숙 자매는 자기 이름도 쓸 줄 알게 되었습니다. 갇힌 공간에서 열린 공간으로 이끌고 나온 그 자체가 명숙 자매에게 회복과 치유를 선물한 것입니다.

명숙 자매의 회복을 통해 하나님의 역사하심을 목도한 어머니는 그 후 더 많은 지체들을 돌보기 시작했습니다. 마치 길거리에서 캐스팅을 하는 것처럼 어머니는 길거리에서 만난 오갈 데 없는 분들을 데려오셨습니다. 노숙자, 교도소 출소자, 독거노인, 장애인, 소년소녀가장 등 수많은 사람들이 공동체를 거쳐 갔습니다. 정신병이나 우울증을 앓고 있는 지체의 회복을 위해 날마다 눈물을 뿌리며 기도했습니다. 입에 쓴 내 나도록 고단했지만 예수님 안에서 한 영혼이 구원받고 회복될 때마다 행복에 겨워 우셨습니다. 마치 죽은 자식들이 다시 살아난 것처럼 기뻐했습니다.

'새생명의 집' 공동체는 입소할 때 따로 돈을 내지 않았습니다. 있으면 있는 데로, 없으면 없는 데로 더불어 생활하는 그런 공동체였습니다. 새생명의 집에서 소외된 지체들을 돌본지 10여년이 지나고나니 어느새 어머니는 '한남동 천사'로 불리게 되었고, 장한 어머니상도 수상하게 되었습니다. 어머니의 숨겨진 선행이 TV에도 소개되었습니다. 새 생명의 집은 늘 분주했습니다. 물론 사소한 다툼으로 시끄러울 때도 있었지만 소외되고 오갈 데 없는 분들이 서로 의지하고 위로하며 또 다른 가족이 되어 더불어 살아갔습니다.

나 또한 남편이 유학길에 오르는 바람에 선택의 여지없이 '새생명의 집' 공동체의 한 일원이 되었습니다. 남편이 유학을 떠나기 며칠 전, 모든 것을 정리하고 달랑 가방 몇 개만을 들고 공동체에 들어갔습니다. 그 당시 공동체에 이미 많은 식구들이 있었던 터라 아무리 원장 딸이라는 특권이 있을지라도 혼자 독방을 쓸 수 있는 상황이 아니었습니다. 그래서 3평 남짓한 작은 방에서 찬미라는 12살 아이와 함께 몇 년을 살았습니다.

찬미는 소년소녀가장으로 80살이 넘으신 할머니와 단둘이 살고 있었습니다. 며칠째 끼니도 못 챙겨 드신 것처럼 길거리에 방치되어 있던 찬미 할머니는 어머니의 눈에 띄어 공동체의 한 식구가 되었습니다. 뒤늦게 어린 손녀가 있다는 것을 알고 찬미도 공동체의 식구가 된 것입니다. 12살 때부터 공동체에 함께 살면서 대학교까지 졸업한 찬미는 지금 어엿한 직장인이 되어 독립해서 살고 있습니다.

어머니는 공동체를 운영할 때 봉사자를 따로 두지 않았습니다. 그저 자신의 손으로 입히고 먹이고 하셨습니다. 때로는 부모처럼, 때로는 자식처럼 그렇게 가족을 돌보듯이 함께 더불어 살았습니다. 봉사자가 따로 없었기 때문에 식사 준비를 비롯하여 모든 잡다한 일들을 어머니가 다 도맡아 했습니다. 때로는 의사가 되기도, 약사가 되기도, 간병사가 되기도, 주방 아줌마가 되기도 하며 어머니는 1인 10역을 감당했습니다.

남편의 유학으로 공동체 식구들과 8년 이상을 동고동락하다 보니 그간 우여곡절도 참 많았습니다. 그 중에 가장 기억에 남는 분은 김 집사라고 불리는 치매를 앓는 할머니입니다. 자녀들이 도저히 부양하지 못할 만큼 치매가 심해 결국 공동체로 오게 되었습니다. 그 할머니는 언제나 어머니의 주변에만 맴돌았습니다. 행여 어머니가 외출이라도 하면 하루 종일 대문만 바라보며 어머니를 기다렸습니다. 그 할머니는 대소변을 가릴 수 없는 상태라 언제나 기저귀를 차고 있었습니다.

새 생명의 집에서 함께 생활한지 몇 개월이 지났을 무렵, 어머니는 고향에 다녀오신다며 내게 공동체를 맡기고 가셨습니다. 직장을 다니고 있었던 터라 며칠 휴가를 내고 집에 있었습니다. 아무 일 없이 무사히 하루가 지나가는가 싶었는데 할머니가 갑자기 혼잣말을 했습니다.

"아이 더러워. 나 응가 했어. 빨리 기저귀 갈아줘."

그때 당시 나는 아이가 없었기 때문에 똥 기저귀를 갈아본 적이 한 번도 없었습니다. 순간 당황했습니다. 더러운 똥 기저귀를 손으로 만지는 것이 싫어서 할머니에게 이렇게 말했습니다.

"할머니, 응가하면 깨끗하게 닦아야 해요. 그러니까 일단 마당으로 나가요. 내가 마당에서 물로 깨끗하게 씻어 줄게요."

할머니를 모시고 마당으로 나갔습니다. 얼마나 무거운지 낑낑대며 마당 한편의 기둥에 세워 놓았습니다. 기저귀를 벗기고 호수로 할머니의 엉덩이에 물을 뿌렸습니다. 그런데 갑자기 물이 세차게 나오는 바람에 내가 그 물을 다 맞아 버렸습니다. 순식간에 똥물을 뒤집어 쓴 것입니다. 순간 정신이 바짝 났습니다.

'도대체 지금 내가 할머니한테 무슨 짓을 한 거지?'

부끄러웠습니다. 할머니에게 정말로 죄송했습니다. 비록 그 상황에서 아무 말도 할 수 없는 치매환자였지만 분명 나는 할머니를 우롱했던 것입니다. 순간 눈물이 핑 돌면서 갑자기 어머니가 떠올랐습니다.

'우리 어머니가 이 할머니의 똥 기저귀를 갈면서 그렇게 회복되었구나. 그랬구나.'

하루에도 열 두 번씩 할머니들의 똥 기저귀를 갈며, 이곳저곳을 사랑으로 만지던 어머니가 스쳐 지나갔습니다. 생떼 같은 자식들을 자살로 잃은 어머니는 할머니들의 똥 기저귀를 갈며 자신의 고통에서 회복되었던 것입니다.

그동안 '새 생명의 집'에 수많은 사람들이 거쳐 갔습니다. 그 가운데 목사님도 2분이나 배출되었습니다. 새롭게 새 출발한 가정도 10가정이 넘었습니다. 교도소에서 출소한 사람들은 일터를 찾아 새롭게 시작했습니다. 노숙자 아저씨들은 하나님 안에서 삶의 가치를 발견하고 노숙자를 섬기는 '밥퍼사역'에 동참하기도 했습니다. 삶의 희망을 잃어버린 채 어둠의 터널을 지나고 있었던 가난하고 소외된 이들의 손과 발이 되어 그들을 소리 없이 섬겼습니다.

지금은 어머니의 연세가 많아, 모든 것을 정리하고 멕시코에 오셔서 선교사역을 돕고 있습니다. 어머니는 23년 전, 공동체를 시작할 때 하셨던 서원을 기억하셨습니다.

"하나님, 이제껏 내가 살 수 있었던 것은 다 하나님의 은혜입니다. 때가 되면 나의 모든 재산을 정리해서 하나님 앞에 모두 다 바치겠습니다."

어머니는 하나님 앞에서 약속한 서원을 지키기 위해 한국으로 귀국해 한남동 집을 처분했습니다. 그리고 그 재정으로 도서출판 '십자가 사랑'을 세웠습니다. 하나님께서는 '십자가 사랑의 재정을 선교와 구제, 교회를 세우며 복음을 전하는 곳에만 사용하겠다'는 서원을 받은 후에야 비로소 출판사를 설립할 수 있도록 인도하셨습니다. 뿐만 아니라 그 재정으로 미국 엘에이, 그리고 멕시코에 '예수사랑교회'가 각각 세워졌습니다.

지금 어머니는 멕시코 땅의 죽어가는 어린 영혼들을 사랑으로 품기 위해 고아원을 준비하고 있습니다. 멕시코에 세워질 고아원에 자신의 유골을 뿌려 달라는 유언도 이미 내게 주셨습니다.

어머니는 지금 이렇게 고백합니다.

"네 아버지가 자살하고, 자식들이 줄줄이 죽어 나갈 때 나는 정말 미친 사람과 진배없었다. 하루 종일 죽고 싶은 생각만 들었지. 그때 만약 하나님께서 나를 붙들어 주시지 않았다면 나는 분명 자살했을 거야. 세상 사람들은 나를 박복한 사람이라고 말하지만, 사실 나는 지금 너무 행복하단다. 진심으로 하나님께 감사해."

🐝 남겨진 가족, 셋째 오빠

　우리 가족은 가족의 자살에 대해 그동안 대화를 나눠 본 적이 거의 없었습니다. '자살' 이라는 단어 자체가 주는 저마다의 공포로 인해 마음의 빗장을 닫아 버린 것입니다. 남겨진 가족들은 각자의 고통 속에서 아파만 했을 뿐 자신의 고통이 어떠했는지 그 누구도 일언반구 할 수 없었습니다. 그런데 최근 자살에 관한 책을 집필하면서 가슴 깊은 곳에 숨겨 두었던 아픔들을 하나하나 꺼내놓기 시작했습니다.

　얼마 전 셋째 오빠는 내게 이렇게 물었습니다.

　"혹시 너는 3살 때의 일이 기억나니? 보통 3살 때의 일은 다들 기억하지 못할 거야. 그런데 나는 신기하게도 3살 때의 기억이 아직까지도 남아 있어. 사진처럼 선명하게 말이야. 그때 나는 잠을 자고 있었는데 쾅하고 문이 열렸어. 근데 그 문으로 아버지가 어머니의 머리채를 잡고 질질 끌고 오는 거야. 너무나 무서워서 온 몸이 덜덜 떨렸지. 그날 어머니를 폭행했던 아버지의 모습이 아직까지도 생생히 기억에 남아 있어."

　오빠에게도 아버지에 대한 기억은 '폭력과 술'이었던 모양입니다. 아버지가 늦게 귀가하는 날에는 우리 4남매는 책가방을 매고 옷을 입은 채 새우잠을 청해야 했습니다. 그런 날은 여지없이 아버지가 창문을 깨면서 들어왔습니다. '쨍그랑 와장창창... 아버지가 들어온다는 신호입니다. 아버지가 오는 신호를 듣자마다 우리는 바로 뛰었습니다. 아버지가 무서워 새벽녘에 길거리로 뛰쳐나왔지만 막상 갈 데가 한 군데도 떠오르질 않았습니다. 이제 더 이상 우리 가족을 받아줄 이웃들이 없었습니다.

큰 오빠와 작은 오빠, 나와 셋째 오빠가 한 조가 되어 흩어집니다. 큰 오빠와 둘째 오빠는 자신의 친구 집으로, 나와 셋째 오빠는 집 앞의 버려진 폐자동차 안으로 몸을 숨겼습니다. 숨을 죽인 채 버려진 자동차 안에서 집 안의 동정을 살핍니다. '쨍그랑 와장창창'... 어머니의 찢어질듯 한 비명소리와 함께 그릇 깨지는 소리가 조용한 새벽을 깨웁니다.

아버지의 무자비한 폭행 속에 어머니를 내팽개치고 도망친 것이 양심에 걸렸지만, 오빠와 나는 이내 버려진 폐자동차 안에서 잠이 들었습니다. 간혹 개집에서 웅크린 채 새우잠을 자고 학교에 등교한 날이면 아이들이 냄새 난다고 멀찌감치 도망을 쳤습니다.

셋째 오빠 역시도 혹독한 사춘기 시절을 겪었습니다. 오빠는 노량진 산동네의 단칸방에서 5식구가 몸을 부대끼며 사는 것도, 가난한 집도 너무나 부끄러웠다고 했습니다. 친구들이 집에 놀러 오겠다며 없는 전화번호를 알려 달라고 하면 이런 저런 핑계를 대고 피했다고 했습니다. 몸부림을 쳐도 도저히 벗어날 수 없을 것만 같았던 가난 때문에 좌절했다고 했습니다. 지질이도 궁색한 집에서 태어난 자신의 운명도 원망했다고 했습니다.

그 당시 학교에서는 메이커 신발을 신는 것이 유행이었습니다. 나이키, 프로스펙스, 아식스... 친구들은 저마다 메이커 신발을 신고 한껏 뽐내며 자랑을 했습니다. 어떤 신발을 신고 왔느냐에 따라 자연스럽게 서열이 정해졌습니다. 오빠는 자신도 가짜가 아닌 진짜 메이커 신발을 한번 신어보고 싶다고 어머니를 졸라 댔습니다. 하지만 가정 형편 탓에 언감생심 꿈도 못 꿔볼 이야기였습니다. 끼니를 연명하는 것조차도 어렵던 그 시기에 발에 그런 호사스런 호강을 시켜줄 수는 없었습니다.

그런데 어느 날, 같은 반 친구가 새 신발을 샀다며 오빠에게 프로스펙스 신발을 선물로 주었습니다. 신던 헌 신발이라 뒤축이 닳아 너덜거렸지만 오빠는 그 신발을 신고 뭐가 그리 좋은지 해맑게 웃습니다. 행여 누군가 신발이라도 밟고 지나갈까봐 가지런히 신발을 챙겼습니다. 아직까지도 오빠는 그 신발의 모양, 심지어 색깔까지도 선명하게 기억하고 있었습니다.

둘째 오빠가 자살한 후 그 당시 중학교 3학년이었던 셋째 오빠는 큰 충격에 빠졌습니다. 그 충격으로 웃음을 완전히 잃어버리게 되었습니다. 어제까지도 살을 부대끼며 함께 울고 웃었던 둘째 오빠의 빈자리를 도저히 셋째 오빠는 감당할 수 없었던 모양이었습니다. 슬픔을 이기지 못한 채 밖으로만 나돌았습니다. 방향도, 목적도 없이 정처 없이 거리를 헤매고 다녔습니다. 걷고 또 걷고 허탈해진 마음으로 허기진 배를 움켜쥐고 집에 돌아오곤 했습니다.

둘째 오빠는 마지막 자살 직전까지 '남묘호랑개교'를 진리로 알고 믿었습니다. 큰 오빠 역시도 부처가 구원을 준다고 철썩 같이 믿고 있었습니다. 하지만 이들 모두 절망의 끝자락에서 희망을 발견하지 못한 채 결국 자살을 선택했습니다. 과연 진리가 무엇인지 나는 분간할 수가 없었습니다. 급기야 나는 '이 세상에 신은 존재하지 않는다'라고 결론을 내렸습니다.

그런데 셋째 오빠는 둘째 오빠가 자살한 후, 갑자기 교회에 출석하기 시작했습니다. 그때 당시 같은 반 친구가 오빠를 전도하기 위해 무척이나 공을 들이고 있었던 모양이었습니다. 처음에는 완강히 복음을 거부했지만 둘째 오빠의 자살 후 의지할 대상이 필요했던지 오빠는 그때부터 교회를 다니기 시작했습니다.

교회 공동체는 셋째 오빠의 삶에 돌파구를 마련해 주었습니다. 고립된 독방에 갇혀 있던 오빠를 서서히 세상과 다시 소통할 수 있도록 응원해 주었습니다. 교회 공동체 안에서 새롭게 하나 된 가족들은 상처 받은 오빠의 영혼을 치유하며 사랑으로 감싸 주었습니다. 이러한 사랑에 힘입어 오빠는 서서히 웃음을 되찾았습니다. 가난과 외로움, 가족들의 연이은 자살로 인해 무너져 내렸던 오빠의 상한 마음을 하나님께서 서서히 만져 주셨던 것입니다.

셋째 오빠는 고등학교 2학년 겨울 방학 때 친구와 함께 철야를 다녔습니다. 별 감흥 없이 철야에 참석하던 중 5주 정도가 지났을 무렵 놀라운 체험을 하게 되었습니다.

목사님의 설교가 끝나고 기도를 하는데 하늘이 열리면서 강력한 빛이 내려오는 것을 보게 되었다고 했습니다. 그 빛은 마치 영화 스크린처럼 과거의 오빠의 삶을 보여주기 시작했습니다. 기억도 못하고 있었던 사소한 죄, 엿 바꾸어 먹으려고 훔쳤던 빈병까지도 보았다고 했습니다. 성령님께서 보여주신 영상을 보며 오빠는 회개하며 통곡하기 시작했습니다. 그때 온 몸이 뜨거워지면서 몸이 진동하기 시작했는데 그 순간 혀가 꼬이면서 방언이 터져 나왔다고 했습니다. 하나님께서는 고통 속에서 몸부림치던 셋째 오빠에게 그 분의 존재를 드러내신 것입니다.

"아들아, 내가 너를 사랑한다. 너는 내게 있어 소중한 존재니라."

주님께서는 셋째 오빠를 인격적으로 만나 주셨고 위로해 주셨습니다. 그 체험 후 감사와 감격으로 마치 구름을 걷는 듯한 기쁨으로 가득 차게 되었다고 했습니다.

뿐만 아니라 그 이후 주님께서는 오빠의 허리디스크까지도 감쪽같이 치유해 주셨습니다. 당시 오빠는 허리 디스크로 인해 잘 걷지 못하는 상태였습니다. 그런데 라파여호와로 임재하신 주님께서 오빠의 질병을 깨끗하게 치유해 주셨습니다. 인격적인 주님을 목도하고, 질병까지 치유 받은 오빠는 자신의 삶을 오직 그리스도께 복종하겠노라는 결단을 올리게 되었다고 했습니다.

그 체험이 있은 후 큰 오빠의 자살과 또 다시 직면해야 했지만, 이미 주님께서 셋째 오빠의 손을 잡고 동행하고 계셨기 때문에 심연의 고통으로 빠져 들지는 않았다고 했습니다.

그 후 하나님께서는 셋째 오빠를 주의 종으로 부르셨습니다. 하나님의 부르심 앞에 오빠는 잠시잠깐 갈등이 있었다고 했습니다. 목회자로 산다는 것은 고난과 가난을 각오하는 삶인데 사실 오빠는 자신이 없었다고 했습니다. 오빠는 가난이 진저리치게 싫었기 때문에 평생 업보처럼 가난을 또 다시 짊어지는 것이 두려웠다고 했습니다. 그러나 하나님의 실존 앞에서 오빠의 머뭇거림은 서서히 무너지기 시작했습니다.

'주님의 뜻이라면 십자가의 길을 따라가겠나이다. 그 길이 비록 고난과 가난의 좁은 길이 될지라도 주님을 따라가겠나이다.'

1주일 후 이 기도를 드린 뒤 오빠는 신학대학에 입학했습니다. 그 후 목사 안수를 받고 한국에서 교회를 개척하여 섬겼습니다. 지금은 하나님의 부르심에 따라 더 가난한 나라, 멕시코에서 복음을 외치는 선교사가 되었습니다.

오빠는 지금의 심경을 성경을 통해 이렇게 고백했습니다.

"내가 바라고 또 바라는 것은 어떠한 상황에서도 그리스도를 배신하지 않는 것입니다. 지금처럼 항상 용기를 가지고, 살든지 죽든지 그리스도를 높이기 원합니다. 나는 그리스도를 위해 사는 데 목적을 두고 있기 때문에 죽는 것도 내게는 유익합니다." (빌 1:20-21, 쉬운)

🍂 남겨진 가족, 나의 이야기

"불순종의 종아! 지금 내 양이 죽어가고 있는데 잠이 오는 것이냐! 그리고도 어찌 네가 내 종이란 말이냐!"

기도하다 잠깐 잠이 들었는데, 이 음성에 눈이 번쩍 떠졌습니다. 분명 내 안에 계시는 성령님께서 세미한 음성으로 말씀하셨는데 그 음성은 마치 우레와 같은 큰 음성으로 내 심령에 꽂혔습니다. 그 순간 벌떡 일어나 주님께 무릎을 꿇고 기도했습니다.

"주님, 죄송합니다. 용서해 주세요. 그런데 제가 무엇을 잘못했는지요?"

주님께서는 마치 파노라마가 지나가듯 나의 잘못을 세밀하게 보여 주셨습니다.

얼마 전 방언에 관련된 책의 출간과 집회를 위해 한국에 잠시 귀국했습니다. 마침 평소 잘 알고 지냈던 어느 집사님이 다급한 목소리로 전화를 걸었습니다.

"선교사님, 제 동생이 지금 수면제를 먹고 자살을 시도했어요. 너무 두려워요. 이제 어떻게 해야 하죠? 제발 도와주세요."

나는 그 집사님을 안심시키며 잠시 기도해 드렸습니다. 그런데 그 집사님은 그 후에도 계속 문자를 보내 왔습니다. 핸드폰이 없었던 나는 셋째 오빠의 전화번호 알려줬는데 그 핸드폰으로 계속 문자가 날라 왔습니다.

"선교사님, 지금 동생이 119 응급차로 병원에 실려 가고 있어요."

"선교사님, 내 동생이 의식이 없어요. 너무 두려워요. 기도해 주세요."

"선교사님, 의식이 조금씩 살아나고 있어요. 동생이 위세척을 해야 한대요. 기도해 주세요."

실시간으로 계속 문자가 날라 왔습니다. 문자를 받고 답장을 하면서 사실 속으로는 그것으로 족하다고 생각했습니다. 달리 내가 할 수 있는 일은 없는 것 같았습니다. 그런데 그 행동을 두고 주님께서 내게 "불순종의 종아"하시며 강하게 책망하시고 있는 것입니다.

"주님. 그럼 내가 무엇을 해야 합니까?"

주님께 물었습니다.

"내 양을 찾아가 그를 위해 기도해 주며, 안아주며, 내 사랑을 전하라."

나는 사랑하는 가족 3명을 자살로 잃었습니다. 그동안 자살하는 사람의 고통과 아픔을 그 누구보다 더 잘 이해하고 있다고 생각했습니다. 하지만 막상 자살하는 사람을 대면해 보니 내가 할 수 있는 일이 생각보다 많지 않았습니다. 그저 '기도만 해주면 되겠지' 하며 안일하게 생각했습니다. 그런데 주님께서는 내 생각이 틀렸다고 하시며 책망하셨습니다. 주님께 심한 책망을 받고 보니 부끄러웠습니다. 한 영혼을 천하보다 더 귀히 여기시는 주님의 마음을 받고 보니 "그러고도 어찌 네가 내 종이란 말이냐!"라는 책망을 받는 것이 어쩌면 당연하다는 생각이 들었습니다. 주님께 죄송한 마음이 들어 소리도 못낸 채 눈물만 흘렸습니다. 주님의 책망을 받고 곧바로 자살을 시도한 분이 입원해 있는 병원을 찾아갔습니다.

"오죽했으면, 얼마나 삶이 고통스러웠으면 자살을 시도했을까?"

자살을 시도했던 그 분의 고통이 내게 고스란히 전해져 왔습니다. 눈물이 났습니다. 그분은 불신자였습니다. 하나님의 존재도, 사랑도 느껴보지 못한 채 고통스런 인생에 종지부를 찍고자 자살을 시도한 그 분이 너무나 애처로워 보였습니다.

그 분은 이전에도 4차례 자살을 시도했다고 했습니다. 목을 맨 적도 있었고, 수면제를 먹기도 했지만 번번이 자살이 실패됐다고 했습니다. 이번에는 와인 한 병에 수면제 70알을 먹었다고 했습니다. 결코 포기하지 않고 자살을 계속 시도하고 있었던 것입니다. 그 말을 듣고 동생을 위해 눈물을 뿌리며 기도했을 집사님이 떠올랐습니다.

'언니의 기도로 동생의 자살 시도가 번번이 실패된 거구나!'

순간 주님께서 깊은 깨달음을 주셨습니다. 그 분은 몇 개월 전, 이혼하면서 아이들의 양육권도 시댁에 빼앗기고 급기야 직장에서도 해고를 당했다고 했습니다. 그 좌절감과 상실감을 견디지 못해 자살을 시도했던 것입니다.

나는 그 분을 안아주며 사랑한다고, 그리고 절대로 죽으면 안된다고 말해 주었습니다. 미리 준비한 편지를 건네며 그 분을 붙들고 함께 울었습니다. 그 분을 만나고 난 후 나는 주님께 이렇게 기도했습니다.

"주님, 죄송합니다. 이제 자살을 시도하는 영혼들을 절대 외면하지 않겠습니다. 그들의 울부짖음을 절대 외면하지 않겠습니다. 자살의 구렁텅이에서 그들을 건져 내겠나이다. 그들과 함께 울며 그들에게 주님의 사랑을 전하겠나이다."

주님께 이렇게 약속했습니다.

그 일이 있은 지 얼마 후, 새벽녘에 전화벨이 울렸습니다. 미국 엘에이에 계신 목사님의 전화였는데 다급한 목소리로 한국에 있는 어떤 분이 지금 자살을 시도하려고 하는데 내가 좀 막아 달라고 했습니다. 그 분이 엘에이에 있는 목사님께 자살하고 싶다고 계속 문자를 보낸다고 했습니다. 목사님은 그 분의 연락처를 불러 주었습니다.

그 즉시 나는 그 분에게 전화를 걸었고 이렇게 애원했습니다.

"부탁합니다. 제발! 자살하지 마세요. 나는 자살로 사랑하는 가족 3명을 잃었습니다. 가족들이 하나하나 자살할 때마다 죽을 것만 같았습니다. 자살을 시도하기 전에 홀로 남겨질 어머니를 생각하세요. 남겨질 가족의 고통을 생각해 주세요."

그 분은 내 말을 듣고 흐느껴 울었습니다.

"가족의 자살은 남겨질 가족에게 독약을 먹이는 것과 마찬가지입니다. 비록 살았다할지라도 죽은 목숨입니다. 나는 자살로 3명의 가족을 잃었고 그 고통 때문에 여러 번 자살을 시도했습니다. 지금 내가 겪었던 일들보다 더 고통을 당하고 있다고 느껴지나요?"

"아닌 것 같아요....."

나는 나의 이야기를 그 분과 나누기 시작했습니다. 아픈 과거가 선명하게 살아나 통곡이 흘러 나왔습니다.

"나는 원인도 없이 9년 동안 불임이 되어 심한 우울증도 앓았습니다. 경제적인 문제로 남편과 8년 동안을 떨어져 살았습니다. 지금 혹시 나보다 더 고통스러운 삶을 살고 있다고 생각되세요?"

"아니요..."

"만약 자살의 생각과 충동이 떠오른다면 나를 먼저 생각해 주세요. 혹시 나보다 더 고통스러운 환경 속에서 살고 있다고 느껴진다면, 그때 자살을 생각하세요. 그때는 말리지 않겠습니다. 하지만 그렇지 않다고 느껴진다면... 부탁합니다. 제발! 자살하지 마세요."

그 분은 아무 말도 하지 못한 채 훌쩍 거렸습니다.

"그럼에도 불구하고 자살이 떠오른다면 몇 달만 참아주세요. 몇 달 후 한국에서 집회가 있어 잠시 한국에 들어옵니다. 제발! 그때까지만 참아 주세요."

"……"

한국에 들어가게 되면 그 분을 다시 만날 것입니다. 내가 그 분을 만나 할 수 있는 일이 어쩌면 많지 않을지도 모릅니다. 하지만 진심으로 그 분의 이야기를 들어주며 위로할 것입니다. 사랑의 마음으로 힘껏 안아 줄 것입니다. 사랑한다고, 당신은 너무나 소중한 사람이라고 축복해 줄 것입니다.

그리고 난 후에 나는 그 분에게 편지를 꼭 전해 드릴 것입니다. 소박하지만 너무나 아름다운 편지, 나 또한 누군가로부터 그 편지를 받고 통곡하며 울었습니다.

그 편지는 예수님께서 친히 그분의 보혈로 아로새긴 사랑의 편지... 바로 복음입니다. 나는 이제 그리스도의 편지가 되어 그분에게 진리의 복음을 담대히 전할 것입니다.

나와 통화하면서 그 분이 내게 이렇게 물었습니다.

"선교사님, 자살 안 하니 지금 행복하세요?"

나는 행복합니다. 때로는 이렇게 행복해도 되나 싶을 정도로 행복합니다. 내 안에 계신 성령하나님께서 조용히 이렇게 말씀하십니다.

"사랑하는 딸아, 내가 이 세상을 너희를 위해 지었노라. 너희들을 행복하게 하기 위해 이 땅을 지었은즉 내 나라, 천국에 오기 전까지 더욱 더 행복하여라. 너희들이 행복에 겨워 웃음 짓는 모습을 볼 때마다 내가 그 기쁨을 감추지 못하는도다. 더욱, 더욱 행복하여라."

지금 나는 장밋빛 인생길을 걸어가고 있습니다. 끝도 없이 황량했던 죽음의 길이 이제 장밋빛 길로 변화되었습니다. 장미 한 다발을 품에 안고 문 밖에서 기다리셨던 예수님께 마음의 문을 열고 진정으로 그 분을 받아 들였기 때문입니다. 나는 지금 예수님의 손을 잡고 장밋빛 길을 걸어가고 있습니다. 그 길은 비록 좁은 길이지만, 세상에서 가장 아름다운 축복의 길입니다.

지금 이 순간, 세상을 향해 목이 터져라 외치고 싶습니다.

"나는 자유해(I am free)! 나는 자유해(I am free)!"

"진리를 알지니 진리가 너희를 자유롭게 하리라"

(요한복음 8:32)

사랑하는 하나님 아버지께 이 편지를 올립니다.

이 책을 집필하는 동안 저를 억눌렀던, 괴롭혔던, 좌절하게 했던 많은 일들이 기억났습니다. 이제 이 모든 아픔들이 그리스도의 향기가 되어 제 삶 속에 다시 풍겨 나오길 소원합니다.

1. 어릴 적 아버지에게 학대 받고, 고통 받았습니다. 아버지 없는 세상이 천국이라고 생각했습니다. 그러나 그 시간들은 부모에게 버려지고 학대받는 이웃들을 품을 수 있는 사랑의 마음을 선사해 주었습니다. 하나님 감사합니다.

2. 불과 7년 사이에 사랑하는 가족의 반을 자살로 잃었습니다. 뼈가 으스러지는 것처럼 고통스러웠습니다. 그러나 그 고통은 가족의 자살 뒤에 남겨진 이들을 위로할 수 있는 넉넉한 마음이 되었

습니다. 하나님 감사합니다.

3. 남편과 8년을 떨어져 지내며 흘렸던 눈물은 부부 문제로 갈등하는 이들을 이해할 수 있는 마음을 선물로 받았습니다. 하나님 감사합니다.

4. 시험관 시술 3번, 실패, 영구 불임 판정.. 9년의 고통스러운 불임기간은 생명의 주권은 하나님께 있음을 고백하는 귀한 시간이 되었습니다. 이제 불임으로 고통 받는 또 다른 누군가를 품을 수 있는 긍휼의 마음으로 승화되었습니다. 하나님 감사합니다.

5. 30여년을 고통으로, 불면으로, 우울증으로 시달렸습니다. 죽는 것이 더 낫다고 생각할 만큼 우울했습니다. 두려웠습니다. 그러나 그 고통의 시간은 저와 같은 고통을 당하는 지체들을 품을 수 있는 넉넉한 사랑이 되었습니다. 하나님 감사합니다.

6. 자살을 시도하려던 그날 저는 죽었습니다. 그러나 하나님의 은혜로 그날 다시 살았습니다. 이제 저는 덤으로 사는 인생입니다. 자신의 것임을 주장할 수 없는 덤의 인생은 진정한 행복을 선물해 주었습니다. 이제 이 행복을 자살을 선택해야만 하는 아픈 마음을 가진 이들과 함께 나누겠습니다. 하나님 감사합니다.

하나님 아버지...

제 삶의 순간순간마다 하나님의 사랑의 흔적이 묻어 있었음을 고백합니다. 제 삶의 순간순간마다 하나님께서 저와 함께 하셨음을 고백합니다. 고맙습니다.

이제는 아버지께서 내민 그 손을 절대 놓지 않겠습니다. 꼭 움켜잡은 그 손 절대 놓치지 않고 천성 문에 들어설 때까지 아버지만 바라보며 살아가겠습니다. 이제는 아버지께 많은 것을 바라지도 요구하지도 않겠습니다. 지금껏 받은 사랑만으로도, 지금껏 받은 은혜만으로도 내 잔이 차고 넘치나이다. 저는 하나님 때문에 참 행복합니다. 하나님 아버지! 진심으로 사랑합니다.

고난 뒤에는 축복이, 고통 뒤에는 성숙이, 고독 뒤에는 하나님의 임재가 있기에 제게 허락하셨던 이 모든 고난, 고통, 고독 또한 감사합니다.

이 책을 오직 하나님 아버지께 올려 드립니다. 모든 영광 홀로 받으소서.

2015년 3월
행복한 선교사, 에스더 권 올림

부탁합니다
제발! 자살하지 마세요

초판 1쇄 발행 2015. 4. 10.
초판 2쇄 발행 2021. 11. 17.

지은이   에스더 권
펴낸이   예수사랑선교회
북디자인 공간42 이용석

펴낸곳   도서출판 십자가사랑
등록번호 제 214-93-24689호
구매문의 010-2043-6515
홈페이지 www.crosslove.co.kr
ISBN   979-11-953406-4-4

책 값   뒤표지에 있습니다.

잘못 만들어진 책은 교환해 드립니다.